孩子粗心大意，妈妈怎么办？

鲁鹏程 著

中国人民大学出版社
·北京·

前言 PREFACE

没有父母不关注、不重视孩子的学习,哪怕孩子现在才上一年级,学习也会是他的"重头戏"。的确,学习对孩子而言是一件大事。但孩子的学习之路并不一定会一帆风顺,这条路上会有各种障碍要破除,会有各种险阻要克服。这其中,有一个不大不小的障碍,那就是粗心大意。看似问题不大,如果不能很好地应对,小问题也会酿成大错误。比如,孩子在考试时粗心,少写了一个小数点,就可能会失去一分,这一分可能就会导致他与心仪的大学失之交臂。

中国古代伟大的思想家老子说过:"天下大事,必作于细。"意思是,天下的大事都是从细小的地方一步步做成的。换句话说,细节决定成败。西方也有"一颗铁钉亡了一个王国"的故事:少了一颗铁钉,掉了一个马掌;掉了一个马掌,失了一匹战马;失了一匹战马,跌了一个国王;跌了一个国王,输了一场战争;输了一场战争,亡了一个王国。这一连锁反应,居然只是因为马夫粗心大意、马马虎虎,在给国王的战马钉马掌时少钉了一颗铁钉。显然,粗心是不可以的。

可见，粗心大意、马马虎虎，无论是对孩子的学习还是生活，甚至是更重大的事，影响都是巨大的。所以，关于孩子粗心大意这件事，我们怎样重视都不为过。此外，孩子身上的这种问题，如果不去认真改正，它是无法自愈的，而且随着孩子年龄的增长、年级的升高，由粗心大意引发的各种麻烦、不良后果也会越来越多。

但在生活中，经常听到有的妈妈说类似的话："我家孩子其实挺聪明的，啥都会，学习上要是仔细点、认真点，考试肯定得高分。问题是我家孩子有点粗心，写作业或者考试时，不是漏掉一个小数点，就是抄错题、看错字，或者写串行，大问题没有，小问题不断。"做妈妈的如果这么说，就会给自己和孩子一个"错觉"：粗心大意不是什么大事，改了就好。关键就在这里。首先，粗心大意还真不是什么小事，而是学习上的大事，甚至是必须要重视的大事；其次，改了就好？说得轻巧，但做起来真是"难于上青天"！想不想改？什么时候改？怎么改？能不能改好？这都是问题。所以，千万不要给自己和孩子找借口。粗心大意会导致作业质量差、成绩不好，难道还不值得重视吗？还能蜻蜓点水一般提一提，进行自我安慰吗？其实这不是自我安慰，而是自我麻醉，会大大削弱孩子在学习上的"战斗力"。再说，一个"挺聪明的"孩子，却不知道去克服粗心大意的毛病，那能称得上"聪明"吗？

如果妈妈对这个问题没有给予足够的重视，孩子就会认为，粗心大意是可以被妈妈理解和原谅的小毛病，没什么大不了的，甚至还会认为,"聪明的孩子"都会粗心大意。但事实并非如此。粗心,会让孩子的学习和生活变得一团糟,也会对他的个性发展、心理健康产生极大的负面影响。所以,千万不要漠视这个问题,不要让粗心大意耽误孩子的一生。

这就需要妈妈和孩子认识粗心,读懂粗心,分析粗心的原因,掌握应对粗心的技巧与方法。比如,粗心大意的原因,可能是多种多样的,在孩子那里,有态度的原因、心理的原因、生理的原因;在妈妈这里,可能有错误示范的原因、不良教导的原因,以及家庭氛围营造的原因,等等。所以,改正粗心,需要对症,对症才会有良方,而不能一味地要求孩子、批评孩子,甚至是吼叫、打骂孩子。

那么,孩子粗心大意,妈妈怎么办?不妨从本书中寻找答案。

本书从孩子粗心大意的严重性、妈妈对粗心大意的错误归因、孩子粗心大意的真正原因、改正粗心大意的能力培养、解决粗心问题的策略技巧、教孩子有计划地做事、全面培养孩子细心的好品质,以及应对在学科"实战演练"中的粗心大意这八个方面,对孩子粗心大意这一问题进行了全方位的解读、剖析、论述,并提供了行之有效的应对之法。本书有理论、有案例、有方法,旨在解决"孩子总是粗心大意"这一教育痛点,让读者看得懂、学得会、用得灵。

热切期盼本书既可以让粗心大意的孩子变得细心、认真、努力,又可以提升妈妈的教育水平,激发家庭成长的正能量。

开卷有益!祝福你,祝福你的孩子!

目录 CONTENTS

第一章 不过是粗心罢了,很严重吗?
——当心"千里之堤,溃于蚁穴"

粗心在很多孩子身上是常态,一些父母可能会觉得"粗心不过是个小问题""只要下功夫就能改"。然而事实真的如此吗?粗心就像一个蚁穴,如果你不重视,它就会在孩子的成长之路上不断地制造各种各样的麻烦,最终将会毁掉"成功"这座大堤。

1. 我都会啊,"小 case!"——总是能开到"粗心盲盒"/ 2
2. 我就是想玩啊——习惯了"抓不住重点"/ 5
3. 啊!题目要求怎么是这个呢?——永远看不见关键信息 / 8
4. 乌鸦看见一个"碧琪"——经常性的"不明智选择"/ 12
5. 检查太浪费时间了——对"不断完善"的自我放弃 / 15
6. 唉,又粗心了——小心引发学习上的"连锁反应"/ 18
7. 再给我一次机会吧——粗心怎么可能只影响学习? / 21

第二章　你非要粗心吗？你是故意的吗？
——"你以为的"不一定是"你以为的"

我们经常会把孩子的粗心归咎到不恰当的因素上，有的妈妈甚至认为粗心是孩子故意所为。当你对粗心产生误解时，你就做不到对症下药。我们要想解决问题，先要仔细分析问题，找找我们自己在教育方面的问题，不妨先问问自己："我对粗心的认知准确吗？"

8. 你不努力就肯定会粗心！——盲目督促孩子努力 / 26

9. 少找借口！这哪是粗心，你就是不会——刻意回避粗心 / 28

10. 是不是又马虎了？——用粗心替孩子归因 / 32

11. 学习要养成好习惯——人为制造习惯上的"短板效应" / 34

12. 再给我写20遍！——以简单方式应对专属问题 / 38

13. 你这么聪明还战胜不了粗心吗？——过分信任以致忽视缺点 / 40

14. 你现在粗心，以后就"废"了！——以降维打击来破坏信心 / 43

第三章　孩子到底为什么会粗心？
——给粗心的原因来一次"剥洋葱式"的分析

粗心是一种外在表象，其内在原因是层层叠叠的。是时候给孩子粗心的原因来一次科学的"剥洋葱式"的分析了，找对导致他粗心的那个原因，对其有一个较为清晰的认知，是我们选择"用药良方"的最好凭证，依症寻方是解决问题的最快途径。

15. 怎么别的孩子就不粗心？——生理发育导致的客观原因 / 48

16. 你在干什么？是在学习吗？——心理活动过程混乱 / 52

17. 学习不是给老师和父母看的吗？——对学习缺乏正确认知 / 56

18. 我爸也那样啊——父母的"反向榜样示范"/ 59

19. 你怎么整天粗心？——"小洞不补，大洞吃苦"的例证 / 62

20. 平时还要细心吗？——孩子在生活上"杂乱无章"/ 65

21. 你就是爱粗心，真是"没救了"！——给孩子不良的暗示 / 68

第四章　想要不粗心？能力得跟上！
——及时弥补能力缺陷以改掉粗心

粗心其实也算是一种能力缺陷，学习本身就是一种多能力综合作用的行为，而其中任何一项能力出现问题都可能导致粗心的发生。所以，解决孩子粗心问题，我们也可以从能力方面入手，帮助孩子及时发现并弥补能力缺陷，以有足够的能力去应对学习。

22. 跳读、串行读、漏写——培养孩子的视知觉能力 / 74

23. 左耳进，右耳出——提升孩子的听觉能力 / 79

24. 吮手指、咬指甲——培养孩子的触觉能力 / 83

25. 什么味道？尝不出来——培养孩子的味觉能力 / 86

26. 动作协调不良——培养孩子的动作能力 / 89

27. 步伐不稳，调皮任性——训练孩子的平衡能力 / 92

28. 方向感差，容易迷路——增强孩子的空间方位感 / 95

29. 时间是什么？没概念——培养孩子的时间感 / 99

30. 要专注于一处——教孩子学会集中注意力 / 102

31. 记忆错误，记忆遗漏——重视提升孩子的记忆力 / 106

32. 让大脑动起来——培养孩子的思维能力 / 109

33. 没有什么可以影响你——培养孩子的情绪控制力 / 112

第五章　告别粗心，你可以的！
——准备解决粗心问题的"小锦囊"

应对孩子的粗心问题时，如果妈妈不用心，或没有智慧，就很容易陷入困扰，以致孩子着急，妈妈更急。所以，我们不妨开动脑筋，准备一些解决粗心问题的"小锦囊"，及时给孩子一些点拨，帮助他明确努力的方向和方法，并且坚定地行动起来，从而逐渐告别粗心。

34. 咱们聊聊吧！——就粗心问题与孩子好好沟通 / 118

35. 咱们来签个协议吧！——与孩子签订"告别粗心协议" / 121

36. 看！这是你的档案——教孩子建立"粗心档案" / 125

37. 这是你自己的责任——适时让孩子承担"自然后果" / 128

38. 每一步都要认真——学习锦囊一：从预习到复习始终如一 / 131

39. 作业有进步吗？——学习锦囊二：作业是克服粗心的训练场 / 135

40. 考试时细心点——学习锦囊三：每一次考试都是一次检验 / 138

第六章　有条不紊的生活，给你无尽的好处！
——尽早教孩子有计划地做事

孩子在生活中的混乱会给他带来很多坏习惯，其中就包括粗心，所以，我们若想尽快并彻底解决孩子的粗心问题，就不能只在学习这一个领域去努力，而应该从生活中入手。对粗心来说，有条不紊的生活就是它的天敌，孩子若能有计划地做事，粗心自然无处遁形。

41. 我们家其实挺有条理的——给孩子呈现井然有序的生活环境 / 144

42. 请遵守家里的规矩——让孩子慢慢习惯有条不紊的生活 / 147

43. 凡事预则立，不预则废——教孩子学会做计划 / 150

44. 要坚决执行计划——鼓励孩子按照计划做事 / 153

45. 规律不以人的意志为转移——教孩子务必遵守客观规律 / 156

46. 重要的事情要先做——教孩子做事要分清轻重缓急 / 159

第七章　见微而知著，不要忽略细节啊！
——全面培养孩子细心的好品质

很多时候，孩子的粗心其实与他对细节没有足够重视有很大关系。在不经意间对任何一个小细节的疏忽，都有可能导致最终的失败。大事作于细，细节决定成败。所以，我们要引导孩子重视各种细节问题，全面培养他细心的好品质。

47. "铁钉和王国"的故事——告诉孩子，细节决定成败 / 166

48. 小事不小——引导孩子客观看待任何小事 / 169

49. 你自己的事情自己要重视啊！——教孩子细心对待自己的事 / 171

50. 你很细心嘛！——多给孩子积极的心理暗示 / 174

51. 来，我们一起做一做！——与孩子合作完成一些"细活" / 178

52. 要得体、大方——教孩子在形象上重视细节 / 181

53. 你看到了吗？——教孩子在观察中明白细节的魅力 / 186

54. 读看毕，还原处——培养孩子"动物归原"的好习惯 / 190

55. 你要提前准备一下哦——准备好第二天要用的物品 / 193

56. 你检查了吗？——教孩子做完事一定要检查 / 197

57. 你要自己检查哦——不要代替孩子去检查，要让孩子自己做 / 201

第八章　应对"实战演练"中的粗心！
——孩子在主要学科中粗心大意的情况

学习是孩子粗心表现的"主战场"，我们要解决孩子粗心的问题，就要在这个"主战场"上投入更多的精力。如果说前面的种种能力和习惯的养成是日常的操练，那么现在，我们就要帮助孩子完美地完成"打击粗心"的实战演练。

58. 在语文学习中也会粗心——孩子在语文学习中粗心的表现 / 208

59. 这样就不会粗心了——避免在语文学习中粗心的几个方法 / 211

60. 阅读啊，阅读！——哪些因素影响了孩子的阅读？ / 215

61. 这样阅读最有效——怎样有效辅导孩子的阅读？ / 219

62. 学会触类旁通——历史、政治等学科也是类似情形 / 224

63. 都在哪些地方粗心了？——孩子在数学上的粗心问题 / 227

64. 怎样解决呢？——避免在数学学习中粗心的几大要素 / 231

65. 这些方法很奏效——避免在数学学习中粗心的几个关键方法 / 234

66. 学会举一反三——物理、化学等学科也可以这样处理 / 237

67. A、B、C……——孩子在英语学习方面粗心的表现 / 240

68. No.1、No.2……——避免在英语学习中粗心的几个细节 / 245

第一章
不过是粗心罢了，很严重吗？
——当心"千里之堤，溃于蚁穴"

粗心在很多孩子身上是常态，一些父母可能会觉得"粗心不过是个小问题""只要下功夫就能改"。然而事实真的如此吗？粗心就像一个蚁穴，如果你不重视，它就会在孩子的成长之路上不断地制造各种各样的麻烦，最终将会毁掉"成功"这座大堤。

1 我都会啊,"小 case!"
——总是能开到"粗心盲盒"

粗心真是太常见了!打开网络搜索引擎,把"粗心"这个关键词输入进去,你会看到各式各样与此有关的新闻事件:

> "粗心大学生将行李箱落在出租车上"
> "某小学阅卷人员粗心,多名学生成绩遭漏改漏加"
> "粗心学生半路弄丢大学录取通知书"
> "粗心考生走错考点"
> "粗心老师漏掉学生高考报名"
> "粗心爸爸把女儿送错学校"
> "粗心市民将金手镯丢入垃圾桶"
> ……

这些粗心的人中,有学生,有老师,有家长,有各行各业的许许多多的普通人,各种各样的问题真是层出不穷。粗心的常见程度,可以这样来说:它是绝大多数孩子身上都会有的问题。

有人可能不服气了，这些大多是成年人身上发生的新闻，为什么说是孩子会有的问题？那就要想想看了，粗心成这个样子，难道不是从孩童时期就养成了粗心的毛病吗？这个毛病给这些人带来的"后遗症"便是，不论做什么事，他们永远都有极大的概率开到一个名为"粗心"的盲盒，然后得到一个并不算美妙的结果，甚至是一个令人遗憾终身的结果。

那么，回到孩子身上来看，相信很多妈妈都会头疼于孩子"数字漏写小数点""汉字少写笔画""英语单词写错字母"的问题，头疼于因孩子时不时"忘带作业本""忘穿校服""没拿画笔"而带来的忙乱。妈妈们自然不希望孩子从小就养成坏习惯，便不停地强调"你要细心一点"。

但孩子对粗心的看法可能和你不同。就拿学习来说，很多孩子经常觉得都学会了，没有任何问题了，但一写作业或者一遇到考试，就连他自己可能都没法确定到底有没有写对。

也就是说，从这时候开始，孩子就已经在不停地开"粗心盲盒"了，会因为粗心而出现各种各样或大或小的错误，而看到这样的错误时，他们多半也只是说一句"哎呀，又粗心了"而已。

如果你现在发现孩子开出"粗心盲盒"的概率偏大，那就要注意了。为了防止孩子将来也会像前面那些新闻事件中的人物一样因粗心而误事，此时你就该行动起来了——好好分析一下跟粗心有关的一些基本情况。

了解粗心到底是什么

粗心到底是什么呢？《现代汉语词典》和《新华字典》中给出的解释大致相同，是疏忽、不细心或者疏忽、不周密的意思。

放到实际生活中来看，它其实是一个综合性的问题。孩子会因为各种各样的原因而表现出粗心的状态，可能是能力不足，如视知觉能力不足、阅读能力较弱；可能是没有养成好习惯，如养成了随手乱丢物品的坏习惯；可能是过度自信，也可能是不够专注；等等。粗心会让孩子的学习、生活变得低效而混乱，做题容易出错，生活也会乱糟糟。

粗心问题说大不大，好像仔细一点就能解决；说小也不小，习惯性粗心所带来的隐患，说不定什么时候就会酿成大错。在有些孩子身上，它可能是个"顽疾"，但若是用对了方法，也可以改善甚至消除这个"顽疾"。所以，我们应该理性看待粗心，科学应对问题。

分析孩子对待粗心的态度

其实，很多孩子对于粗心的理解并不透彻，他们更多的是从老师或父母那里听到"粗心"这个词，然后对照自己的行为及结果，再以自己的理解来给粗心下定义。也就是说，不同的孩子对于粗心可能会有不同的认知，而认知不同显然也会带来态度上的差异。

有部分孩子对粗心持一种"无所谓"的态度，因为粗心在他们看来就是"因少写一个字而被扣了一分"这样的小问题；也有部分孩子认为粗心是"了不得的问题",因为"妈妈一看到我粗心就生气"。不管怎样,当孩子以不恰当的态度来应对粗心问题时,他开出"粗心盲盒"的概率自然就会增加,所以,改变态度、改变认知,是我们解决孩子粗心问题的基础。

💡 为降低开到"粗心盲盒"的概率而努力

作为成年人,作为有一定生活经验的社会人,我们对于粗心应该有一定的了解,也有足够的或成功或失败的经验,我们理应为降低孩子开到"粗心盲盒"的概率而努力。

粗心不是小事,任何小事上都不应该粗心,这是我们要向孩子传递的一个很重要的信息。还是那句话,"理性重视,科学应对",这应该是我们所具备的教育态度。

粗心怎么办?终归还是有办法的,孩子成长就是要过一个又一个坎儿,只要我们辅助到位,他总能战胜自我,向前向上迈出大步。

2 我就是想玩啊
——习惯了"抓不住重点"

孩子的成长遵循一定的自然规律,简单来说就是到什么年龄就做什么事。那么，到了上学的年龄，成了学生，这个阶段最重要的事就应该是好好学习。但粗心的孩子可不理会这个，他并不在意什么事才是重要的，他更在意自己当下能不能玩，以及玩得开不开心。

显然，粗心给孩子带来的一个严重后果是，他不能分清轻重主次，头脑中不会过多在意当下应该做什么、应该先做什么后做什么，他只会想要先让自己开心。所以，粗心的孩子普遍都很贪玩，而贪玩使得他对学习这样严肃的事更加没有认真对待的心思，因此也就更加"糊弄了事"。

虽然贪玩是孩子在儿童和青少年阶段的特点，但如果不加以管束，一旦形成习惯，那么日后孩子将可能凡事以自己开心为主，缺乏责任心，对该重视的事重视不起来，就很容易误事。

也就是说，有些孩子之所以贪玩，主要原因可能是他一直粗心地对待所有事情。所以，单纯强调"你不能贪玩"并不一定有用，我们不妨从让孩子变得细心这个角度试试看。

💡 把重要的事情给孩子指出来

在贪玩孩子的内心中，学习的时间与玩的时间是没有区别的，二者始终混淆在一起，学习的时候想玩就玩，丝毫不顾忌；玩的时候想起来还有作业没写，就顺手写几笔，并不在意写得对不对。

如果孩子不知道学习与玩哪个更重要，那我们就给他明确指出来，以直接的方式提醒他，"现在，和玩比起来，学习更重要"。有的妈妈可能会觉得："孩子都上学了，还不知道学习重要吗？"最好不要小看孩子在某些方面的不在意，如果我们不加以提醒，他真有可能没有这方面的意识。

所以，如果你的孩子贪玩，那我们就直接而明确地提醒他："你现在已经是小（中）学生了，学习才是你当下最重要的事。"当老师和父母都在平和坚定地反复强调一件事时，这件事就会在孩子内心留下印象，他就会为此做出改变。

给孩子讲讲为什么要"知轻重"

想想看，分别跟孩子说"不要看书了"和"不要玩了"，听到哪一个他的反应会更大一些？

相信绝大多数孩子听到"不要看书了"，都会非常快地合上书本，但听到"不要玩了"，就会要么装作没听见，磨蹭拖拉时间，要么开始着急起来，要么哀求说"我再玩一会儿"。也正因为这种情况，很多妈妈可能都说过"你用玩的时间多看会书多好"这样的话，但孩子对这样的话多半不理解："为什么不能多玩？为什么一定要多看书？"

这意味着孩子其实并不清楚为什么要知轻重，他无法衡量轻重，不知道对比轻重，不知道这"重"到底有多重，不知道这"重"对他又有多重要。这种情况下他无论如何也不可能细心、谨慎地对待一些事。

所以，我们不仅要给他明确指出"学习是重要的事"这样的事实，还要给他讲讲从当下开始"知轻重"会给他带来哪些改变，让他明白发自内心地重视学习是他成长道路上必须要做到的事，让他明白当下的"知轻重"会让他更合理地安排时间，带给他更多的收获。

💡 教孩子学会"收心"

收心，收的是什么？是孩子过于"博爱"的心，该学习的时候他却贪玩，把学习与各式各样的玩混为一谈，这相当于把学习归为无关紧要的事情。所以，我们要教孩子收心，让他能逐渐缩小重点关注的范围，把那些无关紧要的玩乐逐渐移出关注范围，最后只把包括学习在内的需要他当下重点关注的事情留在这个范围内。

这个过程，其实也是一个让孩子把注意力转移到重点事情上的过程。这个过程可能是长期的、反复的，因为你永远不知道他可能会把重点放在什么事情上。所以，我们要教的内容其实还要更深入一些，要帮他在心里建立衡量轻重的原则，教他分配注意力，让孩子慢慢实现对关注度的收放自如，做到该细心的地方不粗心。

3 啊！题目要求怎么是这个呢？
——永远看不见关键信息

我们看到的每句话里都藏着关键信息，根据特定的要求去看一段文字，提取相应的关键信息就可以得到你想要知道的内容。一般来说，我们只需要把内容从头至尾看完，再结合思考分析，就可以提取到所需要的关键信息。

然而，对于粗心的人而言可就不一定了，这项能力基本上就是他们的短板。粗心的人往往都是一副急巴巴的样子，他们表面上好像看完了，但实际上很多内容都没注意到，或者只注意到了令他们感兴趣却无关紧要的内容。

> 举个例子：请说出"红色"这个词在印刷时使用的颜色。
>
> 如果你的心够细，能耐下性子认真读完题目，就能注意到其中的关键信息是"印刷时使用的颜色"，那么显然答案就是"黑色"。但粗心的人可能一眼看过去就只注意到了"颜色"两个字，漏掉了最关键的"印刷时使用"这一信息，那他大概率会毫不犹豫地说出"红色"这个错误答案。

粗心的孩子也是如此，比如做作业时，他往往表现得很着急，带着贪玩的心思，恨不得一下子把所有作业做完然后赶紧去玩，这就导致他看不全也看不完题目的所有要求，不能抓住关键信息，也就无法写出正确答案。

"永远看不见关键信息"的状态，不仅使孩子的学习受影响，导致他抓不住重点、学不到知识、写不出正确答案，而且也会让他在生活中遇到很多麻烦，比如，他可能会看不到标识语中的"禁止"

两个字，只顾着"好玩"，结果做出许多违反规定或有危险的行为。

也就是说，粗心会给孩子造成许多"错过"：错过重要内容、错过关键机会、错过正确答案。人生可经不起太多"错过"，现在既然你注意到了这个问题，那就赶紧教孩子学会与关键信息"相遇"！

按住孩子跃跃欲试的手

当孩子很心急地想要直接行动时，你说："你不能这么粗心。"这只是一句阻拦行动的话，没有实际性的指导，孩子不一定能明白自己到底该怎么做。那我们不妨先按住孩子想要立刻行动的手，提醒他"等一下"。

帮孩子按下行动的"暂停键"，目的是要引起他的注意，提醒他有些事并不需要那么着急，给他讲明白，合理的时间分配会让他什么都耽误不了，但一上来就着急，势必会让他错过重要的内容，进而导致他不得不反复行动。

最开始我们可能需要多做几次工作，帮孩子慢下来，在不断的提醒下，孩子会渐渐地意识到"着急等同于浪费时间"，这时再去和他多交流关于"耐下性子""认真细心"这样的话题，他可能会更容易接受。

教孩子织一张名为"细心"的渔网

渔民捕鱼时用的渔网，网眼越大，捕到的东西就越少，如果想要捕住一定大小的鱼，就要在遵守渔业法规的前提下给渔网设定合适的网眼。孩子的心太粗,就相当于渔网的网眼太大,一网下去几乎捕不到什么东西,全从网眼漏出去了,那下网和收网所花费的时间岂不是白白浪费了?

我们可以把这个简单的道理给孩子讲清楚,提醒他学习时需要在头脑中织一张比较细密的网,帮助他不漏掉任何一个关键内容,并过滤掉不重要的内容。他越早把这张渔网织好,越能快速地学到更多"干货"。实际上这张渔网的名字就是"细心",学习唯有细心才能学得有意义,才算不浪费付出的时间与精力。

开始增加一些培养耐性的练习

如果孩子遇事就急着做,不管不顾,总是粗心大意,这也意味着孩子缺少足够的耐性。那就需要在这方面增加一些练习,让孩子能坐得住,那样他的心也会慢慢安静下来。

有简单的方法,比如教孩子通过深呼吸放慢节奏,在内心数"001、002、003……",暗示自己"我不着急";有系统的方法,比如鼓励孩子练习书法、学习下棋;还有有趣的方法,比如和他玩"找不同""走迷宫""串珠子""涂色块""拼图"等游戏。

这些方法可以换着来,让孩子在不断的练习中学会平心静气,学会耐心等待,也学会认真专注,从而逐步改善粗心的问题。

向孩子传授"找关键信息"的技巧

孩子不着急了、能耐得住性子了,接下来就可以给他传授一些"找关键信息"的技巧了。

在粗心的孩子眼里,一段文字不是连贯的,而是跳跃的。我们要先教他一字一句阅读,让他随时用笔圈出与关键信息相关的内容;提醒他不要被惯性思维影响,先读再想然后才能动笔去写;让他养成使用草稿纸的习惯,在上面列出信息,进行验算。

4 乌鸦看见一个"碧琪"
——经常性的"不明智选择"

粗心的孩子身上会发生很多奇妙的事情,比如下面这个例子:

> 一个上一年级的孩子有段时间很痴迷看动画片《小马宝莉》,还央求妈妈给他买了几个"小马宝莉"的玩偶,并把它们摆在了书桌上,写作业或看书的时候他都会摆弄一会儿玩偶。
>
> 有一次,语文老师布置的作业是朗读课文《乌鸦喝水》,在读到"乌鸦看见一个瓶子"时,他刚好手里正把玩着玩偶,顺嘴就读成了"乌鸦看见一个碧琪",妈妈听见了惊讶不已。后来,妈妈和孩子商量,让他好好想想是要认真学习还是继续玩玩偶。孩子也很纠结,但在妈妈的劝说下,他最终还是将玩偶拿走摆在了客厅,以确保能够专心学习。

这也暗含了粗心给孩子带来的另一个问题：当需要作出选择时，他会更容易作出不那么明智的决定。比如学习与玩耍，他会更倾向于让自己快乐，而不会多想想"学习很重要"。所以这个读出"乌鸦看见一个碧琪"的孩子从一开始就选择了玩，而不是专心学习。

也许有人会说，这是个一年级的孩子，出现这种情况也不奇怪，然而粗心的习惯很早就可以在孩子的生活和学习中养成。这个习惯会使他在面对诸多选择时，都将因为顺从于"我想玩"的心态而错过更多重要的、必要的选项。也正因为孩子此时年龄还小，或者说他还有可被引导的机会，我们才要帮他学会作出正确选择，学会躲开那些不必要的"奇遇"。

反复向孩子强调"重要选择"的重要性

前面已经提到了要让孩子知道什么是重要的事，这里我们需要向孩子反复强调重要的事，而且还要给他讲一讲道理。

"年龄小"不是不懂道理的借口，如果你不明说，孩子可能永远都没有这个意识，"爸爸妈妈没告诉过我"，这正是他们对有些事不重视的直接理由。如果说前面所讲的提醒孩子"上学很重要"是在他内心建立印象，那么之后我们就要从理顺思想的角度出发，给孩子讲清楚"上学为什么重要"，也就是说我们基于什么样的考虑才判断上学这件事是重要的、为什么在遇到诸多选择时要先选择学习。孩子只有明白了道理，才可能慢慢变得明智。

💡 引导孩子让思想"明智"起来

所谓"明智的选择",意思是孩子自己要知道选择什么是合适的。我们需要先确定孩子的思想是不是已经因为懂得道理而"明智"了,平时可以多和他聊聊,问问他在面对学习、作业、读书等问题时,是不是已经从心底明白了这些对于他都意味着什么,是不是清楚且准确地知道诸如"为谁而学习"这样的问题的答案。

如果他已经知道了,那么我们可以适时鼓励他自己主动选择;如果他对于这些问题依然没有很清晰的答案,就需要我们换种更通俗易懂的方式来继续引导他,让他逐渐变得明智起来。

有的妈妈可能会担心道理讲多了孩子不愿听,其实孩子不愿意听的,只是枯燥的、反复的内容。我们要找到更合适的表达,比如可以把学习的重要性、成长的重要性掺杂在日常的沟通和聊天中。我们只需要不经意地提起,不需要苦口婆心地劝说,也不要吼叫、大发雷霆,就如雨水渗入大地,润物细无声,潜移默化地帮助他理解。孩子只有自己想通了、理解了、"懂事了",才可能用正确的态度对待学习。

💡 教孩子学会想得"细"一点

孩子有时想不到那么多,只会肤浅地、大致地考虑一下,只想到了自己要开心一点,而错过了那些重要的事。这其实也意味着孩子的思维还有待开发,我们不妨教他想得细一点。比如前面案例中提到的在学习和玩玩偶之间作出选择，我们可以引导孩子从"集中精力先完成必须要做的作业，然后就有时间玩耍了"的角度去思考，让他想想如果作业完不成会怎么样、如果他边玩边做作业导致作业中有错误怎么办，让他自己去把与作业相关的种种问题都想到，这样他也会更愿意接受那个明智的选择。

5 检查太浪费时间了
——对"不断完善"的自我放弃

"做完题要检查啊！"这是很多妈妈在叮嘱孩子时会反复说的话，她们希望孩子能认真学习。然而，孩子对于这项叮嘱往往都不会在意。

> 老师将已批阅的试卷发给孩子，并要求家长们在试卷上签字。
>
> 妈妈看着孩子的试卷，叹了口气问他："错的这些题都不会吗？"
>
> 孩子摇摇头："都会，就是没看清楚。"
>
> 妈妈继续叹气："那就是粗心导致的？"

> 看着孩子毫不犹豫地点头，妈妈继续问："为什么不检查呢？"
>
> 孩子却很无所谓地说："我都会啊，而且检查太浪费时间了！"
>
> "可是你错了啊！"妈妈指着试卷上的错题继续说，"你要是检查了，就不会错了。"
>
> 孩子犹豫了一下回答说："那我交卷就比别人晚了，大家都是做完就交的。"
>
> 妈妈摇摇头说："我觉得，检查并不浪费时间，做对才是关键。"

孩子之所以不愿意检查，是因为他认为"我好不容易做完作业、答完题了，才不愿意再多做一点"。显然，孩子从内心深处不觉得这样做对他有什么好处，或者说他完全想不到细心认真的检查可以给他带来什么。结果是，本就粗心的孩子，因为不愿意检查，所以他粗心的问题总也得不到有效的解决。

检查本就是一个"自我完善"的过程，不愿意检查的孩子相当于放弃了这个过程。粗心在最开始都只是个小问题，但如果没有自我完善的主动性，那么它终将会成为孩子身上的"顽疾"，给他的各个方面都造成无法估量的负面影响。

对于粗心的孩子来说，检查可以说是帮助他解决一部分粗心问题的最基本的方法了，所以，不要让他错过这个可以纠正粗心带来的错误的好方法。

💡 与孩子沟通关于检查的看法

既然孩子把检查看成"浪费时间"的行为，我们不妨听听他对检查的具体看法，从他的角度来理解他为什么排斥检查。接下来再把我们对检查的认知告诉他，可以把我们自己经过检查获得的成果展示给他看，给他讲讲我们通过检查都取得了怎样的成功。

这种沟通不是为了强迫孩子去检查，而是帮助孩子改变对检查的看法，让他逐渐认识到"检查并不浪费时间""妈妈都在进行检查，我其实也能做到"。

💡 从胜负欲的角度来鼓励孩子检查

孩子其实都是有胜负欲的，想想看，他为什么会着急交卷或交作业？无非是想要显示自己做得很快，没有被其他同学落下。那么，不妨就"利用"他的这种对获胜的渴望，提醒他："交得快不一定能得到最高分，快但错误多，还不如慢一点，提高一下正确率。"

孩子想要实现"快"的结果，就必须先要实现"对"的结果，我们把这一点给他讲清楚，其实也是让他知道到底要追求怎样的"胜负结果"。也不妨让孩子比较一下"快却错得多"和"快而且对"两种结果所带来的感受，让他自己明白到底哪种结果更能让他"胜"得开心。

💡 从日常生活中的检查开始培养习惯

粗心的孩子不只是在一个方面粗心，要改变他学习上的粗心，不妨从日常生活入手，让他养成在日常生活中爱检查的习惯，然后慢慢将这个习惯贯穿到学习中去。

比如，早上提醒他检查书包里是否装齐了所有的学习用品，红领巾、水杯等其他物品是否带全，让他想一想老师有没有提醒过要额外带什么东西，等等。当孩子习惯了做回顾性的检查时，他的粗心问题就会慢慢得到改善。

6 唉，又粗心了
——小心引发学习上的"连锁反应"

粗心可以被看成在学习上连续出问题的基本原因，如果粗心问题得不到解决，那么很多问题都会因为粗心而被"引爆"，引发学习上的"连锁反应"。

这其实是一个很简单的因果关系，其发展过程是这样的：孩子因为粗心，很多细节注意不到，而一些知识的重点、题目的要点都在细节之上，这就导致孩子理解不了或理解错误，从而经常出现学不会、做不对的情况，这种情况又会使孩子对学习的信心下降，进而导致对学习的兴趣下降，没了学习兴趣又何谈学习？不学习怎么可能进步？粗心的问题，最终影响的是孩子的前途，这可能是粗心所带来的最严重的影响了。

对很多孩子来说，粗心好像是所有问题的源头，孩子在学习上的很多问题，最终都可以归结到这个源头上。只要他能专注应对，解决了这个根源性问题，那么其他问题也会随之迎刃而解。

注意孩子每一次的"我就是粗心"的说法

最开始，当孩子偶尔出现"没看清题""忘了写标点符号"等原因导致的错误时，有的妈妈会认为"粗心"总比"我不会""我不理解"这样的问题要简单得多，所以只会叮嘱一句"下次注意"，接着就不再提了，并不会过多地在意孩子为什么会粗心，也不会对孩子有太详细的引导。

孩子也会从妈妈的态度中得出一个结论："只要我说'粗心'，就不会挨骂。"于是接下来不管犯什么样的错，他都会用"粗心"来搪塞。

但实际上，孩子的很多问题可能不只有粗心，还有其他问题存在；或者，虽然表面上看起来是粗心，但其真正原因并不是"不认真"。所以，当孩子经常拿回做错的作业、试卷，且每次都说是自己"粗心"时，我们要格外注意，他在学习上可能已经"积攒"了很多问题了。

💡 确定孩子出现的问题到底是不是真的因为粗心

对于孩子每次说的"我就是粗心"的说法，我们最好多问两句。比如，有一位妈妈会针对孩子每次因为"粗心"而做错的题，再出几道类似的题，或者提问几个相关的知识点，根据孩子做题或回答的结果来确定他到底是不是真的因为粗心而做错题。这是个很不错的方法。

我们需要辨别孩子"粗心"的真伪，如果是真的粗心，那么孩子对知识点的理解不会出问题。因此，当同一知识点以其他类型的题目考查时，他也会做且能保证一定的正确率。但假的粗心就不一样了，再遇到类似的题，他要么不会做，要么依旧在同样的地方出错。所以，我们需要对"粗心"进行"辨别"，再针对不同的原因去"对症下药"。

💡 和孩子一起树立解决粗心问题的决心

粗心问题就像蚊子在你身上咬的包，虽然当时对你的伤害不算大，可时不时就会让你痒得难受。有的妈妈因为经常遇到孩子粗心的问题而觉得这是个"老大难"，有的孩子因为自己总是粗心干脆就不再认真对待学习。其实，没有什么问题是不能解决的，我们和孩子都要树立解决粗心问题的决心。

如果孩子有解决问题的信心，而我们有寻找解决方法的耐心，那么总有一种方法是能解决粗心这个问题的。所以，不要着急也不要那么早放弃，粗心在孩子学习上带来的"连锁反应"也并非如山火一般快速蔓延，我们越早建立"阻火带"，就能越快阻止它在孩子学习上形成"燎原之势"。

7 再给我一次机会吧
——粗心怎么可能只影响学习？

前面我们已经意识到，粗心在孩子学习上产生的影响会呈现一种不断扩散的趋势。你可能也发现了，粗心并不只会给孩子的学习带来影响，只是因为孩子在目前的年龄段以学习为主，所以你会更容易在学习上发现他的粗心导致的问题。但实际上，粗心对孩子的影响范围更为广泛，他的生活、处事以及与人相处，都会因为粗心而出现各种各样的问题。

粗心的孩子在生活中也会出现丢三落四的情况。比如，今天忘了带彩笔，明天忘了拿水杯；提醒过他的事情，他可能转眼就忘了；他与同学之间的约定，也会记不清楚，要不就干脆记错；等等。

不仅如此，粗心的孩子对"粗心"这个问题也会"粗心对待"，他并不觉得这是什么大事，只不过是被妈妈骂一顿而已，每次他都会说"我下次会注意"，而妈妈也都能放他一马，所以他对此也就更不在意了，这样的态度会导致粗心变成他身上的"顽疾"。到那时，粗心就不只是学习和生活上的问题了，他对待很多事可能都持有一种不认真的态度，让他逐渐变成一个不负责任的人，同时对他的人际关系、社会关系也将带来严重影响。

显然，粗心对一个人的影响是全方位的。现在孩子粗心时，我们可以随时帮助他、提醒他，可他总是要独立的，等他慢慢长大，我们不可能一直在旁边帮助他、纠正他。所以，越早解决孩子粗心的问题，我们才能越早放心。

💡 对孩子的粗心有一个全方位的了解

"粗心的孩子"与"孩子的粗心"，这其实是两个概念。前者会让你觉得孩子的特点就是"粗心"，但后者会让你意识到粗心不过是孩子所有问题中的"一个"。我们要了解的就是他的这个问题到底是什么以及应该怎么解决。

所以，我们不妨和孩子谈谈他的这个问题，问问他在做题、做事的时候是怎么想的，他为什么会注意不到一些细节。平时，我们也要多观察孩子的行为举动，看看他的粗心到底属于哪种情况，这会帮助我们在日后选择更准确的方法来彻底解决这个问题。

💡 培养孩子的细心而不是展示我们的细心

很多妈妈看到孩子粗心也会着急，但她们并不是急于让孩子作出改变，而是急着自己主动为孩子弥补因为粗心而带来的错误。比如，孩子经常忘带老师要求带回的签字单，妈妈就会替孩子记着，并主动把签字单装在孩子的书包里，还会提醒老师："他的单子在书包的小袋子里。"时间久了，我们会发现孩子的粗心并没有好转，反而可能更加"顺其自然"地发展，因为我们总是在展示自己的细心，却没有想着帮助孩子改掉粗心的毛病。

所以，我们也要注意自己在对待孩子粗心问题上的态度和选择，以免出现这种"喧宾夺主"的情况，要抓住问题的关键并选对改变的方法。

不要因为孩子粗心就对他"另眼看待"

粗心是孩子身上常见的问题，但并不是解决不了的问题。粗心也的确会给孩子的学习和生活带来很多麻烦，但这些麻烦并不是不可控的。自己的孩子粗心而别人的孩子细心并不代表自己的孩子有严重问题，这只是他自己的问题，与旁人无关……

上面这些，其实就是提醒我们每一位妈妈：不要因为孩子粗心就对他有负面的看法，也不要过早地给他"贴标签"，解决问题是我们最终的目的。所以，我们要把更多的注意力放在问题本身而不是孩子本身。简言之，要对事不对人。

第二章

你非要粗心吗？你是故意的吗？

——"你以为的"不一定是"你以为的"

我们经常会把孩子的粗心归咎到不恰当的因素上，有的妈妈甚至认为粗心是孩子故意所为。当你对粗心产生误解时，你就做不到对症下药。我们要想解决问题，先要仔细分析问题，找找我们自己在教育方面的问题，不妨先问问自己："我对粗心的认知准确吗？"

8 你不努力就肯定会粗心!
——盲目督促孩子努力

"你一看就是对学习不用心,在学习上不努力。你不努力就肯定会粗心!"

这可能是很多妈妈对孩子粗心的一种直接解释,而在这种认知的影响下,妈妈对孩子粗心问题的关注就会聚焦在"要努力学习"上。

但是只要努力就能解决粗心的问题吗?并非如此。

对于大部分小学生来说,要让他们意识到"应该怎么努力",就需要向他们告知具体而明确的内容,比如,"背需要背诵的内容""把字或字母写对、写会""知道计算题的计算过程"等,这些内容都有明确的目的,此时只要老师或妈妈给他们讲清楚,并给他们足够的练习时间,他们的努力就可以看到成果。但像纠正粗心这样的问题,你对孩子说"你要努力",他多半不知道该如何努力。

因为粗心可以被看成一种意识问题,要解决这个问题就要借助主观意识,换言之,一个正常的、健康的孩子首先要在主观上意识到"我要认真细心",然后他的思想才可能指引他的行为去实现细心这个目的。

对此有的妈妈可能又要说了,解决粗心问题难道不需要努力吗?当然需要了,只不过这种努力,并不是我们普遍认知的那种努力,而是一种需要格外对待的努力,这种努力需要我们和孩子的共同付出。

说"粗心"时,不要训斥孩子"不努力"

有的妈妈在训斥孩子"粗心"时,一上来就会说:"你怎么就是不努力!"这句脱口而出的话,相当于否定了孩子所有的努力。听见这句话的孩子对粗心并不会有多深刻的认知,他当时只会记住"我不努力"。

所以,如果你要和孩子谈粗心的话题,那就围绕粗心展开,与孩子找找粗心的原因、讲讲粗心带来的后果、说说粗心的后果所带来的心理感受,然后让孩子想想怎么解决这个问题。你所说的一切只围绕粗心就好,而不要延伸到"努力不努力"的问题上去。

讲"细心"时,不要总让孩子"多做题"

想要让孩子变得细心,不只是一句"你就是题做得少,不够努力"就能解决的。比如,有的孩子是生理原因导致粗心,有的孩子是养成了不好的阅读习惯造成粗心,还有的孩子是情绪原因引发粗心,这些原因导致的粗心显然不是"多做题"就能解决的。

关于如何变得细心，不同原因有不同的应对方法，孩子努力的方向、方式、方法自然也会有所不同，不同的孩子所要付出的努力也各有不同。所以，我们也不要让孩子努力错了方向，毕竟"多做题"在某些时候可能有效，在某些时候可能就只是浪费时间。

💡 谈"努力"时，不要逼孩子"好好学习"

再回到"努力"这个话题上来，"好好学习"是一个很宽泛的要求，在学习上要努力做的事情有很多，因为孩子粗心而强硬要求他"必须要好好学习"，这其实也可以算是"小题大做"的一种表现。

就算要鼓励孩子努力，也要让他知道"努力做什么""为了什么努力"，就粗心这个问题来说，他应该努力去认识粗心，努力思考解决粗心的办法，并努力去改正粗心带来的错误，保证以后努力降低粗心的频率直至不再粗心。

9 少找借口！这哪是粗心，你就是不会
——刻意回避粗心

在心理学上有一个现象：由于实际上在注意其他的刺激对

象，观察者并未注意当前刺激而出现知觉不能、视而不见。通俗来说就是，当我们将全部的注意力集中到某个区域或物体时，就会忽略那些自己并不想看到的东西，尽管那些东西很明显，我们也会因为"不想看到"而看不到它们，这种现象被称为"无意视盲"。

在孩子粗心这个问题上，我们有时候也会出现"无意视盲"。很多妈妈因为专注于"孩子的学习成绩要好"这件事，并不希望他出现粗心的问题，就会刻意回避掉粗心这个原因，而将问题归结到一些妈妈自己认为的、更容易解决的原因上去。

比如，下面这位妈妈就是这样做的：

> 孩子在作业中写错了一个字，没有得到代表满分的"A+"，他很遗憾地告诉妈妈："我这次是粗心了，写的时候想到了同音的另一个字，没注意就写错了。"可妈妈却皱了皱眉头说："你这不是粗心，就是没学会，这两个字一点都不一样，你到底有没有好好听课？老师是不是已经给你讲过了？你没学会的话，今天把这个字多写几遍吧。粗心可不是借口！"

其实客观来看的话，我们在生活中也经常会出现写错字的情况，当然孩子因为没学会而写错也是有可能的，可他这一次为什么就不能是因为粗心而写错呢？

有时候，我们因为过于在意孩子的学习，会觉得他不可能出现"粗心"这样的问题，而是应该有更严重的问题。这其实也是我们对粗心的一种误解，刻意回避并不代表这个问题不重要、不存在，如果我们一味回避这个问题，还可能会让孩子对自己的学习产生严重的心理负担。

那么，对于这一误解，我们可以试着这样做。

减少对"粗心"的偏见

一般来说，刻意回避孩子粗心问题的妈妈要么是对粗心过于担忧，觉得孩子一旦粗心那问题可就大了；要么是感觉粗心无所谓，认为孩子总出错怎么可能是粗心这么小的问题。这两种看法其实都是对粗心的偏见。

实际上，粗心就是孩子学习过程中出现的种种问题中的一种，它是客观存在的，会根据孩子自身的特点而呈现或大或小的影响。而且，孩子身上出现的各种问题，彼此之间都是有联系的。比如，粗心其实是与注意力、思考力、记忆力、习惯养成、计划性等方面的问题紧密相关的。

所以，不要夸大或者轻视粗心，孩子有了粗心的问题，那就积极想办法应对，越早解决越能帮他养成好习惯，其他相关问题说不定也在这个过程中同步得到解决，何乐而不为？

确定孩子当下的学习情况

我们为什么会不想看到孩子粗心？因为从很多妈妈的经验来

看，她们对粗心好像没有更有效的应对方法。如果孩子说没学会，我们可以再教他一遍；如果他的问题只有粗心，很多妈妈会说"我都没法下手，我有劲儿也使不出来"。这种"有力无处使"的感觉会让我们不自觉想要回避问题。

那么，此时我们不妨去确定一下孩子当下的学习情况，可以好好和孩子聊聊，或通过老师的反馈，了解孩子的学习情况。他是真的学会了吗？他有没有学得模棱两可的知识点？他怎样才能做到不"粗心"呢？通过这样的问题，我们就能基本判定孩子到底是真粗心还是拿粗心当借口。你对孩子了解得越多，就越能容易地针对不同情况作出更有效的处理。

给孩子一些基本的信任

孩子很诚实地告诉你"妈妈，我这次就是粗心了"，你却不愿意相信，总感觉他在找借口，这其实就是对孩子不够信任。通过前面我们对孩子的学习情况的判定，如果他真的已经学会了，真的是因为粗心而出错了，那相信他又何妨？

在学习上我们需要给孩子足够的信任，你信任他可以学会，他就能带着被信任感和安心感去主动学习。孩子不仅需要不断的指导，也需要对他所付出努力的信任。你相信孩子，孩子也会愿意回报你的信任。

10 是不是又马虎了？
——用粗心替孩子归因

很多孩子会用粗心来解释他所有的错误，以粗心来掩饰其他的问题，而在很多妈妈身上也会有这样的表现，就是用粗心来给孩子所有的问题归因。当孩子拿着出了错的试卷、作业回来时，有的妈妈会直接用一句"是不是又马虎了"来"引导"孩子去承认自己又"犯"了粗心的错误。

但孩子一定是由于粗心"犯"的错吗？并不一定。有的孩子其实知道自己到底是会还是不会，对于没学会的部分，他心里很清楚。可是妈妈的一句"是不是又马虎了"，就会让他感觉"连妈妈都这么认为，那我就不是不会"。显然，我们这种盲目的归因会导致孩子对自己的认知出现偏差，一旦孩子不能正确认识自己的错误，那么我们之后的一切引导和教育都可能会偏离正确方向，导致所有的努力成了浪费时间。

所以，妈妈在教育和引导孩子之前，不妨先来问问自己以下几个问题。

💡 给孩子讲过什么样的表现是粗心吗？

有的妈妈在孩子犯错时，不论什么样的错误，都会直接告诉孩子"你这就是粗心"，导致孩子误以为所有的问题都能用粗心来解释。虽然粗心导致的问题有很多,但是学习上出现的问题并不只有粗心一种原因。

有些问题的原因可能与粗心有关,有些问题的原因却可能与粗心完全不沾边,所以,我们要给孩子讲清楚,什么样的表现是粗心以及为什么会出现粗心,让他内心对"粗心"这个概念有个明确的认知。这其实也是对妈妈的要求,就是妈妈要明白粗心是什么、粗心的原因有哪些,这样也有助于妈妈判断孩子出现的问题的性质。

清楚孩子的学习处在什么程度吗?

孩子到底是不是真的因为粗心马虎才出了错,这个判断应该建立在我们对他的学习情况很了解的基础上,我们要明确知道孩子是不是学会了、对知识是不是掌握熟练、有没有出现错误理解等情况,然后才可能得出准确结论。

所以,我们需要去审视自己对孩子的了解,看看自己对孩子的学习有没有足够深入的关注,是不是只停留在表面上的口头督促上。有的妈妈可能觉得自己本身的学习能力不强,没法了解孩子的学习情况。实际上,我们并不是要了解孩子所学知识的具体内容,而是要去了解他对学习的态度,去知晓他是不是认真对待上学、上课、听讲、写作业等事情,通过他对自己学习的描述,我们基本可以判断他到底有没有认真学习、是不是学会了。妈妈要相信自己的思考和判断能力,相信自己是可以判断出孩子真实的学习情况的。

💡 自己在拿"粗心"当借口逃避问题吗？

当妈妈问出"你是不是又马虎了"这样的话时，她的内心其实是期待孩子给出"肯定"的回答的。因为妈妈认为孩子的"马虎""粗心"，可能要比"不会""不懂""不认真学""不想学"要容易应付得多。这其实也是妈妈的一种逃避心理。

此时，我们不妨来问问自己，逃避能解决问题吗？答案显然是"不能"。我们要看清现实，只有面对问题，找到真正的问题及问题根源，才能尽快让孩子的学习走上正轨，我们也才能真正地松一口气。

11 学习要养成好习惯
——人为制造习惯上的"短板效应"

虽然粗心的孩子会在生活和学习的各个方面都表现出粗心来，但是我们最关心的恐怕还是他学习上的问题，而且很多妈妈也只关注孩子在学习上的粗心，于是她们便会对孩子反复强调"在学习上要养成好习惯"。

一般来说，孩子会听得进去妈妈这样的嘱咐，但他们也会真的只在学习上去认真养成好习惯，结果是他们把应对粗心的所有方法都只用在了学习上，对于其他方面却毫不理会。

> 一位妈妈曾经很疑惑地询问老师："我知道我的孩子在学习上非常粗心，我提醒他要认真读题、认真思考，然后再下笔。他也的确按我说的认真去做了，可是我发现怎么没有什么效果呢？他也没有什么其他方面的问题，就是粗心。"
>
> 老师问她："生活中他会粗心吗？"
>
> 妈妈说："他什么时候都挺粗心的，可是现在的重点不是学习吗？他的学习成绩上不去，其他的问题也解决不了啊！"
>
> 老师摇头提醒她："孩子粗心并不是只在学习方面，我们需要综合来看，从他的习惯入手，而不能只看到学习这一个方面啊！"

很多妈妈会选择"头痛医头，脚痛医脚"的方法应对孩子学习上的问题，但结果经常不理想，总也实现不了"药到病除"。这是因为孩子的问题往往都是综合性的。就拿粗心来说，如果孩子不能从整体上去解决粗心的问题，也就是在生活上和学习上都下功夫养成好习惯，那么就算他在学习上可以逐渐认真起来，但其他方面的粗心习惯依旧会拖他的后腿。此时，他就好像一个只有"学习习惯"一块长板的木桶，其他方面的习惯还都是短板，那么这个木桶依然装不下太多的水。

所以,正确的做法应该是帮助孩子全方位养成好习惯,而不是只专注于学习这一个方面。

💡 扩大对孩子的关注范围

在孩子还没上学的时候,妈妈对他的关注大多集中在日常饮食与身体健康上,一旦他上了学,很多妈妈对孩子的关注就会转移到学习上,其他方面反倒成为次要的,这就导致妈妈总是在孩子的学习上使劲。

可是像粗心这种会"全方位发力"的问题,显然是贯穿孩子当下生活所有方面的问题,如果你只是让他在学习上用力,无异于"抽刀断水",不从源头入手,无论如何都不可能解决这个问题。

所以,我们对孩子的关注应该呈现一种不断递增的趋势,上学前关注他的生活,上学后要在关注他生活的基础上再关注他的学习,从整体上去看待孩子的变化,看待他出现的问题。

💡 寻找孩子生活和学习中的问题的共通点

我们应该培养自己具备一种能力,就是能够纵观孩子出现的问题的能力。当他学习上或生活上出现问题了,我们就要去寻找这些问题的共通点,寻找他出现这些问题的根源。

比如,粗心其实就是个共通的问题,粗心的孩子一般不可能在学习上粗心而在生活上细心，这个坏习惯必然会体现在他行动上的方方面面，所以，要进行改变只能是全方位地去行动。那么，寻找问题的共通点显然更有利于我们全方位地了解问题，从多方面一起入手。

💡 从最简单、最基本的习惯开始慢慢改变

总有妈妈觉得，孩子的学习习惯不好就要在学习上多下功夫，其实关于习惯的问题，我们一定不要忽略最简单、最基本的那些习惯。

> 1978年，有媒体记者询问当年的诺贝尔物理学奖得主、苏联物理学家卡皮查："在您的一生里，您认为最重要的东西是在哪所大学、哪所实验室里学到的？"
>
> 卡皮查却说是在幼儿园。他在幼儿园学会了很多，比如：要乐于把自己的东西分一半给小伙伴们；不是自己的东西不要拿；东西要放整齐；饭前要洗手；午饭后要休息；做了错事要表示歉意；答应小朋友或别人的事要做到；学习要多思考，要仔细观察大自然。他认为，自己学到的全部东西就是这些。

这就是最简单、最基本的习惯给人带来的影响，这些习惯会帮助孩子规范日常生活，从而影响他的所有行为。所以，我们若想帮助孩子改变现有的很多问题，不妨从这些日常习惯入手，说

不定会取得比较好的效果。

12 再给我写20遍！
——以简单方式应对专属问题

粗心这个问题，说大不大，说小不小。一旦遇到，很多妈妈内心其实并不确定到底要怎么办，于是她们干脆选择最简单直接的方式，那就是"重复练习"。

> 看着孩子语文作业本上被老师圈出来的错字，错的原因是他又少写了笔画，妈妈很生气，指着作业本要求孩子："写吧，一个字写20遍，我不信你还是记不住。"
>
> 等到孩子把写完的20遍拿给妈妈看的时候，妈妈发现他又写错了，而且还写错了好几个，她更生气了，忍不住吼道："这是20遍不够吗？你就真的这么粗心吗？那你就写40遍吧！40遍要是还写不对就80遍，把手写废了也得给我记住！"

不知道你有没有注意到这位妈妈存在的问题，孩子写字少写了笔画，是真的记不住吗？他是粗心才导致的少写笔画吗？只是没完没了地重复，真的有效吗？孩子重复了 20 遍都依然出错，他的问题也许是粗心，即便如此，也还是需要确定是什么导致他粗心；或者他的问题不一定是粗心，也许是他对这个字的初始记忆就出了问题，也许是他对字的结构、含义都没有理解好。总之，孩子的问题有很多种，不论要解决哪一个问题，都要选择相应的方法。

控制自己想要发泄的情绪

"罚抄 20 遍""必须做够 100 道题"，你是不是也对孩子有过类似的要求？尤其是当他因为粗心丢了不该丢的分，那种气愤的情绪就会促使很多妈妈采用惩罚的手段。没错，这种简单粗暴地让孩子去重复做事情的做法，其实只是一种惩罚。

很多妈妈没有更好的办法来应对孩子的粗心，而这种看似简单的问题也的确很容易引发负面情绪。妈妈要先控制好自己的情绪，不要因为自己愤怒就去惩罚孩子，我们需要找个合适的时间，好好想想孩子表现出来的粗心到底是什么原因造成的、应该怎么解决这个问题。

了解简单方式的作用

有些简单的应对方式，诸如重复练习，它不是完全没有作用，只不过它的作用可能仅表现在一些特定的方面。也就是说，即便是简单方式，它也可能是某些专属问题的解决方法，但前提是它一定要被用对地方。

简单的重复练习更适用于因为粗心而"没记牢"的问题,这种问题可以通过加深记忆、熟悉操作等方式得到有效解决。可对于其他方面的粗心问题,它也许会起到反向作用。比如,如果孩子初始记忆出错,那么重复练习反而会加深孩子头脑中的错误记忆。

💡 对专属问题有更详细的思考

因为我们对孩子的粗心了解得并不详细,所以才不知道怎么应对。那我们首先要认真了解粗心的原因,了解在不同的方面应该怎么应对粗心,还要了解孩子在不同学科中的粗心问题应该怎么解决,这些都需要我们彻底弄清楚。然后我们再针对自己孩子的特点,给他下一个较为合理的"诊断"。最后,我们才可能针对他的专属问题给出有效的解决办法。这些,都需要我们进行认真、严谨、有针对性的思考,并一步一步地落实。

13 你这么聪明还战胜不了粗心吗?
——过分信任以致忽视缺点

你是怎么看待自己的孩子的?我们大概都会希望自己的孩子聪明又好学。当孩子出现问题时,比如孩子经常因为粗心而丢分,有的妈妈会选择用前面那种重复性练习来惩罚他，也有的妈妈会反其道而行之，采用鼓励的方式，对孩子说："你这么聪明，还战胜不了粗心吗？"

妈妈这样的表达，一是想告诉孩子粗心没什么可怕的，希望他能有战胜粗心的信心；二是向孩子表达妈妈对他的信任，让他能安心去应对粗心的问题。在这样的妈妈心中，粗心并不那么令人紧张，她很相信孩子的能力，认为对孩子而言那不过是个小问题。

但我们也要根据孩子的实际能力和表现来交付这种信任，否则如果孩子的粗心问题很严重，那么妈妈的这种态度会让他产生错觉，要么会让他觉得自己其实没有什么问题，要么会让他产生强烈的依赖感，认为只要妈妈说没问题就没问题。

实际上，粗心问题不可忽略，我们并不能以轻视的态度去应对，否则就很容易出现认识不清晰、解决不彻底的情况。所以，有时候我们也不能过于乐观，对粗心要有一个客观的态度。

把"粗心"当成孩子诸多问题中的一个

每个孩子身上都可能出现各种各样的问题，粗心其实就是这些问题中的一个，它与其他很多问题一样，都是需要我们认真对待的。粗心问题与孩子聪明与否无关，而与我们怎么看待它、对待它有关。

我们应该拿出与对待其他所有问题一样的态度，通过分析、思考，针对孩子自己的个性特点以及问题的特殊性，选择合适的方法。

💡 帮孩子正确建立信心

妈妈的这种信任并不一定会让孩子自己产生足够的信心，因为这只是妈妈一厢情愿地相信孩子足够聪明，相信他可以战胜粗心。孩子到底有没有能力战胜粗心、能做到哪一步、达到哪个程度，妈妈常常因为过度信任孩子而忽略了这些问题。

孩子理应建立"我真的可以战胜粗心"的信心，但我们应该少用"你很聪明，你应该做到"这样的话来鼓励他，而是应该提醒他："粗心都是有原因的，找到你身上粗心的原因，用对解决方法，你就可以不再粗心。"这样的话会让孩子感觉内心有着落，因为他可以知道自己要从哪个方面、以什么方法去努力，这会让他更能有效地解决问题。

💡 解决粗心问题需要妈妈与孩子合力

用"你很聪明"来表达对孩子信任的妈妈，其实也有点"放手不管"的"嫌疑"。孩子再怎么聪明，也不一定能透彻分析并彻底解决粗心这种反复发作的"顽疾"。所以，妈妈不要那么早放手，该让孩子学会的分析问题的能力要教他学会，该引导他正确思考的时候也要付出一定的时间和精力来跟他一起思考。总之，我们要与孩子合力去应对粗心的问题。

14 你现在粗心，以后就"废"了！
——以降维打击来破坏信心

粗心的确会导致大麻烦，于是有的妈妈会直接对孩子说："你现在总是粗心，以后可能什么都干不成，那样你就成了'废物'！"这些话相当于一次"降维打击"。简单理解就是，孩子可能原本是中等偏上的水平，但妈妈一句"那样你就成了'废物'"会让他的自信心直线下降，以至于要不了多久他的水平可能就会降到中等偏下甚至降到下等。

相较于粗心给孩子带来的麻烦，妈妈对孩子的负面评价也一样会给他带去不可估量的影响，会让他真的认为"我总是粗心就是'废物'了"。带着这样的思虑，孩子就会对解决粗心这个问题顾虑重重，他既想要快速解决粗心的问题以摆脱"废物"的身份，又担心自己真的就是"废物"而解决不了这个问题。当孩子有这样沉重的心事时，他就不只是为粗心这一个问题所困扰，他将沉浸在"我是不是废物"这样的疑惑中难以自拔。

作为妈妈，我们要避免对孩子进行"降维打击"。作为有成熟思想、足够阅历、一定知识水平的成年人，我们本就应该多站在孩子的视角去理解他的感受，这样我们才不至于一张嘴就打击了孩子提升自我的积极性。

💡 以"就事论事"的原则来进行教育

孩子出现了粗心的问题，我们就针对粗心展开分析、思考和教育，而不要直接上升到"未来发展""人格"等高度上去，以后的事情以后再说。实际上，以后会发生的事，也都是从现在开始的，你和孩子当下种下了什么"因"，后续自然就会得到什么样的"果"。

所以，从这个因果关系来看，如果我们现在发现孩子有了粗心的问题，那与其去考虑孩子以后会不会变成"废物"，还不如让孩子从现在开始积极改变，让孩子变得更好，这难道不是我们应该追求的教育效果吗？

💡 让孩子看到粗心所带来的现实后果

相较于跟孩子说以后他会怎样怎样，还不如让他看看眼前，看看他的粗心所导致的后果，这些能让他亲身体会的后果更具有实际性的教育意义。

有的妈妈可能觉得多说一说以后的情况能让孩子有危机感，但实际上，孩子对于未来没有那么明确的感受，他只能感受到你咬牙切齿地说他是"废物"。所以，不要把未来说成多么可怕的场景，要用现实来让孩子理解你所说的"粗心是个严重的问题"，通过他自己对粗心的亲身感受来体会这个问题的严重性，也许能让他更容易理解我们为什么会对粗心这个问题这么重视。

💡 对孩子正确表达担心与鼓励

妈妈对孩子出现粗心问题感到担心是正常的，但没必要把这种担心肆意放大并强加给孩子。作为成年人，我们在担心过后是会想办法去解决问题的，但孩子不一样，他的能力有限，不知道怎么办的时候他会陷入难以自拔的情绪中，这更不利于问题的解决。

那妈妈该怎么对孩子表达呢？应该多给他一些正确且积极的鼓励，让他更愿意主动去思考、想办法。比如，你可以说："我觉得粗心不是个小问题，如果每次考试时你都粗心的话，你的成绩不会好。以你现在的能力来说，你不是解决不了这个问题。所以，我希望你能好好想想该怎么办，我也会帮你一起想，我们一起努力，尽早摆脱粗心好不好？"

第三章

孩子到底为什么会粗心？

——给粗心的原因来一次"剥洋葱式"的分析

粗心是一种外在表象，其内在原因是层层叠叠的。是时候给孩子粗心的原因来一次科学的"剥洋葱式"的分析了，找对导致他粗心的那个原因，对其有一个较为清晰的认知，是我们选择"用药良方"的最好凭证，依症寻方是解决问题的最快途径。

15 怎么别的孩子就不粗心？
——生理发育导致的客观原因

虽然粗心是很多孩子都普遍存在的问题，但有的孩子经过努力就会变得很细心，而有的孩子不论怎么做，都摆脱不了粗心。有的妈妈就感到很疑惑："别的孩子都能改掉粗心的毛病，为什么我的孩子就改不掉呢？"

实际上，孩子在成长过程中会呈现一定的差异性，出现粗心问题后的表现以及能不能及时改掉都因人而异。如果你发现用了很多方法都不能让孩子改掉粗心的毛病，那么他可能存在一些生理性原因，也就是成长发育过程中的一些问题会导致他的粗心暂时变成"顽疾"。

生理发育导致的客观原因需要我们用更科学的方式去应对，我们先来看看这些客观原因到底都有哪些。

💡 大脑和中枢神经系统尚未发育成熟

研究表明，随着人的不断成长发育，脑重量也在不断增加。自生命早期开始，大脑便以一种惊人的速度增长，从孕期的第 7

个月开始到 2 岁左右结束，人的大脑一半以上的重量都是在此期间增加的，所以这一时期又被称为大脑发育加速期。婴儿出生时，大脑的重量只有成年人脑重量的 25%，1 岁时就会达到成年人脑重量的 60%，2 岁时就会达到成年人的 75%，3 岁时接近成年人的 80%，到 6 岁时则达到成年人的 90%，已经接近成年人的脑重量。

随着大脑重量的增加，脑神经细胞会增大，脑神经纤维也会增长，在此期间大脑额叶也同样会有显著增大。大脑的这些变化，都会对孩子的高级神经活动发展产生重要的影响。

也正是因为孩子的大脑和中枢神经系统正处于不断发展的阶段，所以他的观察力、注意力、记忆力、想象力、思维能力等各个方面也并不稳定，可能会存在各种各样的问题，而这些问题都有可能导致孩子的粗心，且并不能为他自己所控制。因此，妈妈在这个时候应该对孩子宽容一些，耐心等待他的发展，而不是从一开始就给他贴上"不认真""有问题"等标签，以免他在消极暗示下真的变成"问题儿童"。

性别原因导致细心品质的不同

人们的普遍认知和生活经验是，男孩多半都大大咧咧的，做事容易毛手毛脚，常出现粗心的问题，而女孩一般都认真细心。当然，很多妈妈也是这么认为的。

> 妈妈们聚在一起聊天，家有儿子的妈妈抱怨道："我儿子整天毛手毛脚的，常常丢三落四，我都懒得说他了。还是你们这家里有姑娘的好，小姑娘都认真，根本不用妈妈操心。"
>
> 而家有女儿的妈妈则说："女孩子嘛，不都得文文静静的，当然对她在这方面的要求也就高了些。男孩本来不就该调皮一些才好吗？没事，以后就好了。"

孩子的性别似乎决定了妈妈的培养方式，妈妈觉得男孩风风火火一点才是正常的，所以会对他的粗心问题持"佛系"心态；而如果家有女孩，妈妈们认为女孩本就要认真细心，否则就"不像女孩"了，所以会格外注意孩子的行为。

但是，认真细心原本就是所有孩子都应具备的好习惯，而"粗心"也并不会视性别不同而有所差异，鉴于上述的认知偏差，妈妈们对男孩、女孩的教育，还是要有所区别。比如，可以根据孩子的性别来选择不同的教育方式和方法。对男孩可以稍微严厉一些，越是简单、直接、容易理解的方法，越能为他所接受；而对女孩则可以适当讲讲道理，引导她自我思考、意识到问题的严重性，从而努力改正。

💡 不同气质会引发不同程度的粗心

在心理学上，气质被定义为具有生物学基础的人格特质，通常在儿童早期就表现出来，是人格和个体生活态度的基础。现代的气质学说将人的气质分为四种典型的类型①：

胆汁质：这种人情绪体验强烈、爆发迅猛、平息快速，思维灵活但粗枝大叶，精力旺盛、争强好斗、勇敢果断，为人热情直率、朴实真诚、表里如一，行动敏捷、生气勃勃、刚毅顽强；弱点是遇事欠思考，鲁莽冒失，易感情用事，刚愎自用。

多血质：这种人情感丰富、外露但不稳定，思维敏捷但不求甚解，活泼好动、热情大方、善于交往但交情浅薄，行动敏捷、适应力强；弱点是缺乏耐心和毅力，稳定性差，见异思迁。

黏液质：这种人情绪平稳、表情平淡，思维灵活性略差但考虑问题细致而周到，安静稳重、踏踏实实、沉默寡言、喜欢沉思，自制力强、耐受力高、内刚外柔，交往适度、交情深厚；弱点是行为主动性较差，缺乏生气，行动迟缓。

抑郁质：这种人情绪体验深刻、细腻持久，情绪抑郁、多愁善感，思维敏锐、想象力丰富，不擅交际、孤僻离群，踏实稳重、自制力强；弱点是行为举止缓慢，软弱胆小，优柔寡断。

虽然绝大多数人的气质都是四种气质相互混合、渗透而成的，但也总能表现出一些很明显的气质特点。从气质分类不难看出，胆汁质和多血质占据主导的孩子更容易犯粗心大意的毛病，而黏液质和抑郁质占据主导的孩子相对要好一些。

---

① 彭聃龄. 普通心理学. 5版. 北京：北京师范大学出版社，2018：463.

16 你在干什么？是在学习吗？
——心理活动过程混乱

在很多妈妈看来，学习成绩好的孩子都有个共性，那就是"很稳"，这样的孩子一般都会不紧不慢、不急不拖地去做各种事，因为他们内心很安定，心里安定就能让行动按部就班、有条有理，这样稳稳的状态也不容易出现粗心的问题。而相对应地，学习成绩不好的孩子就会显得十分"活跃"，尤其是他们的心理活动，已经不只是活跃，甚至有些混乱了。

从心理学角度来说，注意力、思维力、观察力、记忆力、情绪控制能力、意志力等都属于心理活动，而当孩子的这些心理活动过分活跃以至于混乱时，显然他是无法稳稳当当地做事的，尤其是做不到安心学习，出现粗心也就难以避免了。

曾经有老师利用下课时间和班里同学聊起了粗心的情况：

学生A发展全面，各门功课成绩在班里都名列前茅，但她也会因为粗心把会的题目写错，她认为自己粗心的原因是做作业时不专心，一边做一边想着别的事。不过她也认为，只要自己认真一些、重视一些，还是可以有效克服粗心问题的。

> 　　学生B是班里的数学课代表，经常在数学测试中得到满分，不过有时候他却会出现"难的题目做对了，简单的题目却做错了"的情况，他觉得是自己审题不细致，对题目不够重视，没有看清题目中的隐藏条件或故意设置的"陷阱"。他也觉得粗心是可以克服的，只要认真审题，多检查、多验算，就可以避免。
>
> 　　学生C本身就是个粗心大意的孩子，经常丢三落四，就算改正错误也总是会漏掉一两个，还要老师提醒才行。他的粗心经常表现在抄错题、计算错，也就是注意力不够集中。他说写作业的时候有小虫子飞过来他就只顾着看虫子了；自己家楼下有饭店，他写作业时总能听见音乐，也容易走神；很多时候写着作业，他就开始想晚饭吃什么、电视演什么；如果是在学校写作业，写到一半就会想和旁边同学说话。他知道自己不应该受外界影响，要专心学习，但总是控制不住，注意力很容易就被其他事情分散了，且没有好方法去应对。[1]

　　这位老师发现的这几种粗心的情况，相信生活中我们的孩子也基本都遇到过。有很多妈妈还会因为孩子发呆、记不住东西、"看不见"题目要求、经常发脾气、不能好好坐着写作业等一系列表现而忍不住吼他："你到底能不能好好学习？"而显然，孩子出

---

[1] 胡杰. "粗"中探究"心"中寻因：小学生粗心原因探究及对策. 课程教育研究，2012（30）：157-158.

现这些情况往往都是因为心理活动混乱，那么他只有在心理上有所改变，才可能就这个问题给出明确答案。

所以，我们想要帮助孩子纠正粗心的错误，不能只从他表面行为入手，还要多了解一下他的心理活动。

💡 了解不同心理活动在学习中所发挥的作用

受到不同心理活动的影响，孩子的学习也会出现各种各样的波动，我们应该对此有一个基本的了解。

认知能力：可以分为冲动型和沉思型，冲动型认知能力让孩子表现草率，追求速战速决，更容易出现粗心；沉思型认知能力让孩子认真思考，仔细慎重，粗心相对出现得少一些。

注意力：良好的注意力可以帮助孩子不受外界干扰与诱惑，在一段时间里保持对学习的专注，以较高的质量完成作业。

观察力：即对细节的敏锐观察，良好的观察力能够让孩子更快且更准确地抓住关键信息，而这些细节之处往往是出现粗心的"重地"。

思维力：良好的思考会帮助孩子避开题目设置的"陷阱"，使他更好地理顺知识点，当孩子将知识真正"学会"时，出现粗心的概率就会下降。

记忆力：良好的记忆力会帮助孩子把知识内容牢牢刻印进大脑里，待用的时候原样搬出来，基本不会出错。

情绪控制力：悲伤、愤怒、狂喜、沮丧等不同的情绪会直接影响孩子对学习的专注，如果孩子能很好地控制自己的情绪，便不会在该认真学习的时候任由情绪操控自己的思想。

意志力：较强的意志力可以使孩子不轻易叫苦叫累，能够坚定地坚持练习，不因为失败或错误就退缩。学习不是容易的事，能长久坚持总能看见成功。

……

孩子还会有其他各式各样的心理活动，这都需要我们在对孩子的日常观察中去一一发现，对他的心理了解得越是详尽，越有助于我们对他的学习进行合理引导。

通过沟通明确孩子学习时的心理活动

孩子心里到底在想什么？他在学习的时候又在想什么？我们在着急他粗心的同时，也不要忘了他的内心。有情绪的孩子，他的粗心可能真的不只是表面上看起来粗心大意那么简单；观察力较弱的孩子，可不是你让他细心他就能注意到那些细节的；记忆力不好的孩子，他记不住的东西，你再怎么叮嘱他不要粗心也不管用……

所以，我们要去观察孩子，然后与他好好聊一聊学习，听他说说自己到底想到了什么、忽略了什么、注意了什么以及没注意什么，去了解孩子在学习时的困惑，从他的心理活动入手，要比我们没完没了地"强迫"他认真学习管用得多。

不要只在单一心理活动上下功夫

心理活动并不是单一存在的,比如说孩子注意力不好,只关注他注意力的提升是不可能解决这个问题的,因为思维能力、情绪控制能力、意志力等也与注意力有紧密关联,如果只在单一心理活动上下功夫的话,到头来可能哪个问题都解决不了,最终粗心的情况也得不到改善。

所以,我们对孩子的心理活动应该有综合的、全方位的考虑,多了解孩子的心理发展,多沟通,多观察。只有发现孩子心理上的变化,才可能找到合适的切入点,将孩子混乱的心理活动逐一理顺,让他能安心学习。

17 学习不是给老师和父母看的吗?
——对学习缺乏正确认知

粗心的孩子并不会把学习看成自己的事,如果与他们聊起学习,他们会把它归为老师或者爸爸妈妈的责任。显然,这代表孩子对学习没有正确的认知,而认知缺乏也导致他并不会在意自己学了什么、学了多少、学到什么程度,至于学得好不好,就更不在他的考虑之内了。在这样的心思下,孩子对学习可谓完全不上心，又何来细心一说？

孩子对学习到底有怎样的认知，其实还是要看父母都做了什么。有的妈妈可能会问："学习难道不是孩子自己的事吗？"学习的确是孩子自己的事，可引导孩子认识学习到底是怎么一回事却是我们的事。

"对学习缺乏正确认知"而导致的粗心，需要我们从思想上去帮助孩子，简单来说就是给孩子讲清楚与学习有关的各种事，尽快帮助孩子把学习放进心里、放进大脑里，建立学习的主动意识和自觉性，从而改正粗心的毛病。

💡 建立自己对学习的正确认识

毫不夸张地说，有相当一部分妈妈自己其实对学习都没有正确的认知，她们一提到学习，就只会说"必须要好好学""不好好学习将来没出息""你看看人家学习好的孩子"之类的话。孩子在学习上一出问题，这样的妈妈就会数落孩子的种种不好，最后再来一句"我也不知道该怎么教"。

如果连我们自己都把学习看成困难的事，都觉得除了叮嘱、唠叨、训斥之外，学习没什么可聊的，那我们还怎么去引导孩子正确认识学习呢？所以，在帮助孩子正确认识学习之前，我们自己要先正确认识学习，想想自己是怎么看待学习的、自己有什么疑惑、自己有什么想要实现的教育目标，然后再去找找权威的教育类图书，去网上看看最新的学习资讯，充实自己对学习的认知。

在建立良好的学习认知后，我们再去教育孩子，这样才能事半功倍。

💡 和孩子聊一聊"学习是什么"

你曾经和孩子聊过与学习有关的话题吗？不是"你要好好学习"这种简单的唠叨与叮嘱，而是正正经经的关于学习的话题讨论。在这里我们可以参考以下一些关于学习的话题：

> 你觉得什么是学习？
> 你认为学习是为谁学的？
> 你怎么看待自己目前的学习状态？
> 你想要学到什么内容？
> 你喜欢学习什么内容？
> 你在学习过程中有什么不喜欢的地方吗？
> 你在学习过程中遇到过什么问题吗？
> 你是怎样解决学习中的问题的？
> ……

在与孩子讨论这些话题时，我们最好先让孩子说一说自己的想法，然后我们再把自己的认知告诉他，通过聊天互动，最终达到让孩子自己去思考学习的目的。当孩子自己的大脑开始运转，他便有了自己的思考，然后再加上我们合适的引导，他一定会想通有关学习的问题。

💡 和老师建立良好的"帮助孩子学习联盟"

既然在孩子眼中学习是"给老师和爸爸妈妈看的",那么我们除了自己下功夫,也可以和老师建立良好的联系,请老师在学校帮助孩子打开对学习的正确认知之门。

这需要我们先向老师反馈我们和孩子对学习的看法,把孩子在家中的学习状态还有我们对孩子的学习问题的一些疑惑、感受都告诉老师,寻求老师的帮助与指导。这种家校联合的方式相当于一种全方位的指导,当我们和老师能够做到同步引导时,孩子也许会更快地正确认识学习。

18 我爸也那样啊
——父母的"反向榜样示范"

孩子粗心,可能是因为受家庭环境的影响。有时候,我们不能只看到孩子粗心,要看看我们自己是不是一直在给他做粗心的负面示范。

有位妈妈就有这样的烦恼:

孩子粗心大意，妈妈怎么办？

> 早上爸爸出门送孩子上学，刚走了没几分钟，妈妈看到爷儿俩又回来了，孩子说没带水杯，爸爸说他忘了提醒孩子带水杯。
>
> 晚上回家之后，妈妈提醒孩子："以后可不能这么粗心，你如果上学总是忘带东西，就总要回来拿，来回跑多耽误时间。"
>
> 孩子却说："爸爸也没记住啊，爸爸也老是粗心，凭什么挨说的总是我？"
>
> 一时间，妈妈都不知道要怎么继续说下去了。

这样的小事虽然听起来像是个笑话，但也说明，生活中的确有一些粗心的爸爸妈妈，正在成为孩子耳濡目染的"反向榜样示范"。当我们指责孩子粗心时，我们自己也没有细心到哪儿去，孩子每天看着我们粗心地处理各种事，又怎么可能把粗心当成问题呢？

所以，我们想要解决孩子粗心的问题，得先解决自身的粗心问题，这样我们再去提醒孩子不要粗心时，才会更有底气，孩子也才愿意把这提醒听进去。

💡 不要拿自己的粗心当成"反面教材"

有的妈妈会觉得，家里的成年人粗心不是刚好成为教育孩子的"反面教材"吗？让孩子看到粗心是不好的。且不说反面教材的使用是有条件的，单说孩子如果看到他最亲近的人都会粗心，那么他不会觉得爸爸妈妈粗心不对，反而只会觉得连爸爸妈妈都能粗心，那他也可以。

有的妈妈可能会抱怨孩子"好的不学，坏的学"，也属实是话糙理不糙了。孩子就是这样，他会根据爸爸妈妈的行动来判断某些行动的可行性，并不以你告诉他对或不对为参考。

所以，不要拿自己的粗心当"反面教材"，与其用自己的错误教育孩子，还不如如实告诉孩子粗心的确是错的，告诉他"爸爸妈妈现在正在做错事，这是不对的，我们要赶紧改正"，然后通过积极的改变来让孩子意识到"果然不能粗心"。

用实际行动尽快改掉自己粗心的毛病

透过孩子的"反馈"，我们发现了自己身上存在正在被孩子模仿的错误行为，那么就要用实际行动改正错误，而且越早越好。

尤其是在家里，不论是拿东西还是做事，我们都应该格外注意自己的言行，说过的事要做到，做事情要有很好的计划、步骤，一步步做下来，尽量保证不遗漏、不犯错。当我们开始注意自己的粗心问题时，孩子也会意识到爸爸妈妈正在改掉粗心。一般来说，孩子都想跟爸爸妈妈有相对同步的行动，那么，我们主动改变自我的行为就会给他的内心带来触动，也许能促使他也开始注意自己的粗心问题。

💡 可以试试和孩子互相监督

如果我们自己也粗心，那么应该会发现粗心的确是个"顽疾"，不是短时间内说改就能改的。但是面对自己的粗心和孩子的粗心，我们并非无计可施，可以选择与孩子展开互相监督。就是提前与孩子商量好，互相监督彼此行动中的粗心表现，如果对方有粗心表现，就及时提醒，然后督促改正。可以画个表格，爸爸妈妈一行、孩子一行，挑出对方的粗心表现就给自己加一分，被对方发现自己的粗心表现就减一分、如果自己主动注意到一次粗心问题并及时改掉就加两分，粗心一次就减两分。把每一次的问题记下来，再设定一个期限，比如一个月。到期后，双方各自加一加分值，看看加分、减分项，然后综合看看自己和对方都在哪些地方容易粗心。

通过这种全家齐行动的方式，来一起对抗粗心的问题，并寻求最终的胜利——彻底改掉粗心。这种全家齐努力的行动，相信孩子也会更愿意参与。

19 你怎么整天粗心？
——"小洞不补，大洞吃苦"的例证

有一部分孩子的粗心就好像是在沙滩上挖坑，最开始出现的粗心问题，就像是用小铲子挖了个小坑，这时候如果用脚推点沙土填一填，这个小坑就能填上，一点都不费劲。孩子第一次出现的粗心问题基本上都是小问题，无非就是把6看成了9、"太"字少写了一个点，并没有其他的大问题，其他的题目孩子都会做，粗心只是他的一时之错。

但如果孩子此时没有想要"填坑"的意思，也就是孩子对这个小问题并不在意，那就相当于孩子拿着小铲子继续向下挖坑，最后小坑越变越大，再想要填上就很难了，粗心也就变成了难以治愈的"顽疾"。今天看错数字，明天少写一个字，后天不注意题目要求，再之后就是频繁出现"会却总是做错"的问题。沙坑越挖越大，一个大浪拍过来，水瞬间淹没一切，就像学会了的知识怎么都在成绩上体现不出来，这样的学习相当于做了无用功。

而前面我们也了解到了，当粗心变成习惯时，学习上的其他问题也会随之而来，相较于小洞，大坑更容易存水，而水再大一些，可能整个沙滩都要沉入海中了。所以，为了避免孩子日后在"大洞"上吃苦，我们就要在他刚出现小坑或者在小坑的规模还能控制的时候提醒他"回填"。

密切关注孩子的习惯变化

前面说过，粗心的孩子会在很多方面表现出粗心来，这就是习惯带来的影响。所以，当你发现孩子不只是一门课程有类似于"会却总是做错"的情况时，就要引起警惕了，再结合他日常生活中的其他表现，要是他频繁地出现粗心，那么他就已经形成了粗心的坏习惯。

此时我们就应该予以重视，可以问问孩子，或者与老师交流一下，确定他到底是因为不会而做错，还是因为粗心而做错。如果是前者，就要配合老师先解决他"不会"的问题，然后纠正粗心；如果是后者，那就要根据孩子的特点来想办法帮他摆脱粗心。

💡 把"不要粗心"的提醒落实在具体的方法上

看到孩子习惯性的粗心，如果你只是不停强调"你怎么整天都粗心""你下次能不能不粗心"，孩子除了感到厌烦就是对其漠视，基本不会有太多实际性的作用，因为这种提醒并不具有可操作性。

我们最好是想出具体、可行的方法，让孩子知道要怎么去操作，知道自己可以怎么行动，比如，多读几遍课文、针对同类型错题多做一些练习、多重复几遍背诵等，这样的具有实质性的提醒要比简单的一句"不要粗心了"管用得多。其实，不只是关于粗心问题的教育，其他所有教育内容，我们都需要给孩子实际可行的操作指导，他只有知道了怎么做，才有可能改正问题。

💡 选择孩子"比较在意"的内容让他体会粗心的后果

在合适条件下，粗心的后果会给孩子内心带来一些触动。比如，有的孩子数学学得比较好，但是因为粗心被扣了两分没有拿到满分，那么，我们就可以用"如果认真就准能拿到满分"的话来给他一些"刺激"，提醒他："如果你当时认真，那就可以稳拿满分了。"一般来说孩子都会对这样完全可以避免的失误心生触动。

不过，这种刺激并不是完全让孩子自己去感受，我们要在一旁趁势"推波助澜"，给孩子一些推力，通过提醒、鼓励等方式，引导孩子自己意识到"如果不粗心也许就有完全不一样的结果"。

再次强调，一定要在"合适条件"下来使用这个方法，不要频繁让孩子自己去承受粗心导致的失败后果，以免他因此变得麻木，反而"破罐子破摔"。我们要在孩子十分在意的方面，抓住时机，及时给孩子合适的"刺激"。当然这个"刺激"越早给予孩子越好。

20 平时还要细心吗？
——孩子在生活上"杂乱无章"

有这样一些孩子，他们的粗心源自日常生活。没上学的时候，他们就经常出现丢三落四、毛手毛脚的行为，等到上学之后，他们那些早就在生活中形成的粗心习惯便轻易地就"传染"到了学习上。当一个孩子在生活中杂乱无章时，他在学习上多半也不会多么认真仔细。

对于这样的孩子，只提醒他"学习上不能粗心"显然是远远不够的，他粗心的根源是生活中长期养成的坏习惯，这需要我们好好反思。教育并不是从孩子上学时才开始的，很多好习惯越早开始培养，对于他后续的成长越有好处。

举个简单的例子，有一位妈妈让孩子养成了早睡早起的好习惯，并且从中尝到了甜头，她是这样说的：

> 我从孩子第一天上幼儿园开始，就每天晚上8点半让她准时上床睡觉，前后时间差不超过15分钟，早上则在7点左右喊她起床。即使是节假日，也每天如此，一直坚持到现在。如今她已经上小学三年级了，每天都能保证充足的睡眠，晚上不用三催四吼，早上也不用反复叫醒，她的生物钟已经形成了，到点睡觉，闹钟一响就睁开眼，笑呵呵地打招呼。充足的睡眠让她有足够的精力去应对学习，连带着让她把上学时间也掌握得很好，上学时她不会有匆忙着急的时候，总是可以很从容地带好所有东西出门，很少有丢三落四的情况出现。

这就是好的生活习惯所带来的益处，会慢慢渗透进孩子生活和学习的方方面面。所以要解决孩子学习粗心的问题，平时的习惯重要吗？当然重要了！我们可以很肯定地告诉孩子，并从生活角度入手来帮助他。

不要总期待"上学以后就好了"

如果你很容易就相信"上学以后就好了""长大以后就好了"之类的说法,那你无疑是在拿孩子的学习和生活做成功概率极小的实验。很多好习惯是需要我们在日常生活中去帮助孩子慢慢培养的,而不只是徒劳地期待他到了某个阶段就会自动养成。

也许孩子上学之后遇到了特别好的老师和同学,他们可能会对他产生一些影响,但如果父母没有在他的平时生活中给他同样好的影响或促使他改变,那么他多半会延续以前不好的习惯,而不是选择接受新习惯。所以,不要这么轻易就把改变孩子的任务交给时间,我们才是那个决定他变成什么样子的最主要的"雕刻师"。我们要积极找寻孩子的不良生活习惯,帮助孩子尽快改掉它,让他有机会逐渐摆脱粗心。

积极改变家中的生活环境

孩子生长于具体的家庭环境之中,对于他不好的习惯,家庭环境的影响不容小觑。所以,想要让孩子改掉不良习惯,诸如粗心、注意力不集中等,不能只在孩子身上下功夫,而是要将全家人的习惯都考虑进去。

我们要看看自己是不是处于一样粗心大意,看看家里是不是处于杂乱无章的生活状态,如果是,那么我们就要从自己、从家庭环境开始作出改变。比如，把家收拾整齐，每样东西都有它该摆放的正确位置，我们自己也要时刻注意避免粗心，让孩子有一个"家里要发生变化了"的意识，这样更有助于他建立改变坏习惯的信心。

💡 改变生活日常习惯要始终坚持

从前面那位妈妈的描述中我们不难发现，一个好习惯的养成以及延续都需要坚持，如她所说，之所以孩子能养成早睡早起的习惯，是因为从上幼儿园第一天开始一直到小学阶段，"即使是节假日，也每天如此"，这种连续几年的坚持并不容易，而也正是这样的坚持才可能养出好习惯以及让这个习惯长期存在。

人都是有惰性的，孩子更是如此，习惯的养成最忌讳"三天打鱼，两天晒网"，我们和孩子都要有耐心与毅力。改变粗心习惯不可能短期速成，我们不仅要帮孩子丢掉粗心大意，还要鼓励他用细心认真来取代粗心，只有长久坚持才可能实现这个目标。

21 你就是爱粗心，真是"没救了"！
——给孩子不良的暗示

看到孩子作业本上因抄写错误而做错的题目，直接一句"你怎么总是这么粗心";看到孩子试卷上因为写错同音字而扣分,也是一句"你就是爱粗心";看到孩子刚出门又跑回来拿东西,就忍不住吼他"我看你就是粗心的命"……你是不是也经常这样说孩子呢?

那么孩子是怎么回应的呢?拿着错误满篇的作业本,告诉你,"我就是粗心,我都会";看着试卷上的一堆红圈,告诉你,"我下次肯定会认真做,不再粗心大意";在你多次吼叫之后,告诉你,"反正我就是个粗心的孩子,我就这样了,'没救了'"……

孩子的这种回应,不可谓不"扎心"。对我们来说,本意是想要提醒孩子"你总是粗心是不对的",当孩子说"我就是粗心了,我就这样了,'没救了'"的时候,你是不是觉得他可真是一身"反骨",更加生气了?

在粗心这个问题上,我们如果一直用这种"贴标签"式的教育方式提醒孩子注意自己的问题,那么他会毫不犹豫地接过"标签",贴自己身上向你"展示",让你又气又急。假如你没有更好的、可操作的方法去实际解决孩子身上的问题,那么孩子身上的标签很可能就要在他身上一直贴着了。

这就提醒我们,不要把粗心问题变成标签,也不要急着把标签"送"出去,还是针对这个问题好好思考解决办法比较有意义。

💡 了解问题在孩子身上的发展过程

包括粗心在内,孩子身上会出现各种各样不同的问题,这些问题如果能经常性被你发现的话,就说明它们存在的时间已经不短了。那么，我们就要了解或者回忆一下，他的粗心问题是从什么时候开始出现的，他的粗心问题大多体现在哪些课程或哪些类型的题目上，他自己有没有注意到这样的问题，他自己是不是做过一些改变，等等。

　　了解问题的发展过程，不仅能帮助我们更准确地找到问题的原因，说不定还能使我们找到改善的方法。还有一点要注意，让孩子改掉粗心需要时间。就像治病一样，哪怕是简单的感冒，都至少要7天甚至更长的时间才能痊愈，更何况是孩子身上已经长久存在的问题，要改变它更需要时间。

💡 关注问题而不是借此斥责孩子

　　其实妈妈并不是不知道"你就是个粗心的孩子"是一个不好的标签，只是面对孩子这种"屡教不改"的行为感到恼火，但也正是因为这种内心的恼火，使得很多妈妈在教育孩子的时候，经常从指点粗心问题变成了斥责孩子。

　　殊不知，一旦你的斥责直接落在孩子身上，对于他来说就变成了"妈妈又在教训我"，他不会在乎你说了什么问题，他只会关注自己被训的委屈感，这也就意味着我们和孩子都彻底忽略了问题本身。

　　所以，我们也要控制好自己的情绪、管好自己的嘴，解决问题才是关键，与孩子本身无关。他之所以"屡教不改"，很大程度上是因为他不知道自己为什么粗心、自己应该怎么做、自己能做什么，我们可以从这些更实际的角度去指导他，这要远好过没完没了地指责他"怎么还不改"。

尝试把不良暗示换成良性暗示

我们对孩子的教育也不是不能用暗示，只不过不要用"你总是粗心"这种不良暗示，而是换种说法，给孩子一些希望。

比如，试试换成"我觉得你不会一直这么粗心下去，说不定下次你就能细心一点"的说法，这样的说法带有良好的希望，孩子也许会跟着一起期待"下次细心"，而他也可能会自己多投入一些细心在学习中。或者换成"粗心不是不可战胜的，但你得真的努力，我们可以一起找方法"，这样的说法给了孩子操作上的可行性，会让他对粗心不那么避之不及。

其实，解决问题就是不断绕开"雷区"，选择正确的路线，尽量"不踩雷"，减少触发其他问题的可能性，这样一来，问题就能迎刃而解。

第四章
想要不粗心？能力得跟上！
——及时弥补能力缺陷以改掉粗心

粗心其实也算是一种能力缺陷，学习本身就是一种多能力综合作用的行为，而其中任何一项能力出现问题都可能导致粗心的发生。所以，解决孩子粗心问题，我们也可以从能力方面入手，帮助孩子及时发现并弥补能力缺陷，以有足够的能力去应对学习。

22 跳读、串行读、漏写
——培养孩子的视知觉能力

视觉是人类最重要的一种感觉,我们大脑接受的感觉信息80%以上来自视觉。视觉信息的准确获取是大脑进行高效认知加工的基础,即视知觉能力的基础。对于正常、健康的孩子来说,视知觉是学习过程中非常重要的一种知觉,孩子将眼睛看到的信息传递到大脑,大脑接受这些信息,并对其进行整理、分析、加工。视知觉能力也是学习能力的一个重要组成部分。

良好的视知觉能力可以帮助孩子对问题进行认真仔细的阅读和分析,从而更快、更准确地获取问题的关键信息,以完整准确地解答题目。如果孩子的视知觉能力不好,那么他会比同龄人更容易出现粗心问题。

据2017年6月22日的《钱江晚报》报道:

杭州一所学校一年级的一位数学老师发现,在自己班里的一次考试中,39个孩子中有9个都漏做了同样的3道题。而同样的事情在杭州另一所学校的一年级数学测试中也出现了,数学老师发现,"在批改数学试卷时,班上41个学生中有11个孩子集体漏做了第8题"。

第一位老师曾经询问这九个孩子,为什么漏做了这三道题,孩子们的回答相当统一:"那里有题吗?我没看见啊!"

针对这个现象,《钱江晚报》学能拓展中心教学主管吕敏认为,这是一种能力障碍,即自身视知觉能力发育不好。她常年参与多所学校的小学新生入学能力评估,在日常评估中她发现,15%～30%的小学低学段的孩子有潜在的视知觉障碍问题。而孩子出现这种视知觉发育慢的情况,在学习上就比较容易"吃亏",经常漏题就是"吃亏"比较明显的一种表现。

看到这个例子,你是不是也认识到视知觉能力在孩子学习中的重要作用了呢?接下来,我们就好好了解一下视知觉。

对所感觉到的事物进行解释,为单纯的感觉体验赋予意义,这就是知觉。在感觉层面上,你看见的东西、闻到的气味、摸起来的质感、品尝到的味道,这些信息都是非常具体的,但在知觉层面上,信息通常是抽象的,所以我们对世界的看法是我们所感与所知的整合。[①]

2003年,英国心理学家斯蒂芬·帕尔默将视知觉过程划分为两个主要的子集:第一个子集涉及将接收到的大量刺激组织成离

---

① 索尔所,麦克林ＯＨ,麦克林ＭＫ.认知心理学.8版.邵志芳,李林,徐媛,等译.上海:上海人民出版社,2019:62,69.

散的知觉部分和元素；第二个子集涉及识别和进一步加工这些元素，并将它们分类。[1]

所以简单来说，视知觉能力就是以视力为基础，对视野内的物体进行观察与辨别的能力。一个人能通过视觉这种感觉获得怎样的信息，自然也就取决于"看"和"知"两种能力。通俗来说，也就是能看到多广、看后能记住多少、看得是否准确、是不是能专注地看、能不能在运动中看等各种与"看"相关的内容，都会影响到我们对视野内物体的真实判断。

如此来说，我们就可以把视知觉能力分成这样几个部分：

第一，视觉联想能力，就是由眼前所看到的东西展开联想，是一种由视觉经验决定的联想能力。这种能力能帮孩子解决几何、应用题等数学方面的问题，以及形象思维问题。如果缺乏这种能力，孩子的学习就会呈现出一种机械状态。

第二，视觉记忆能力，是大脑将眼睛所看到的事物保留在印象中的能力。这种能力对于孩子的辨认、思维、理解等方面的发展有很大的帮助。

第三，视觉辨别能力，是指将某一个物体与其他物体区分开来的能力，包括求同与求异两个方面。这种能力对孩子的学习影响非常大，如果不具备良好的视觉分辨能力，那么孩子在学习时，无论是抄写还是阅读都有可能显得力不从心。

---

[1] 罗宾逊-瑞格勒 B，罗宾逊-瑞格勒 G. 认知心理学. 凌春秀，译. 北京：人民邮电出版社，2020：37.

第四，手眼协调能力，就是我们常说的眼到手到，当眼睛看见之后，手也要及时有所反应。这也是视知觉能力中比较重要的一个部分。

第五，视觉追踪能力，就是眼球对物体的追踪、检视的能力。

显然，这五种能力中任何一种能力表现不强，都可能会导致孩子出现粗心的问题。

比如，视觉联想能力不好，孩子看见眼前的文字时无法展开联想，问题不能形成通路，自然也就得不到解决，且孩子阅读的时候会漏字、跳行、看错数字，因注意力不强导致粗心；视觉记忆能力有偏差的话，就无法产生正确的记忆，不能正确保留影像，使得储存的信息出现错误，从而产生记忆性错误；视觉辨别能力不好会导致孩子不能准确分辨数字与字母、符号与图形，因为看错而表现为粗心；手眼协调能力不好则导致孩子眼睛看到了可手跟不上，看到的跟写出来的完全不一样；等等。

视知觉能力不足显然是孩子发育过程中的问题，需要我们对他进行更科学的训练和引导，而不能一味地指责他粗心。

通过观察确定孩子的视知觉能力发展情况

一般来说，视知觉能力发展不太好的孩子，会有很多比较典型的表现。在生活中，如果一个孩子不仅表现得"粗心"，还显得很"多动"，在作业的完成质量和速度等方面远不及同龄人，那么，我们就要先考虑他是否在视知觉能力发展方面存在问题。面对这些问题，我们先不要烦躁或放弃，而是要建立信心，试试看从视知觉能力角度去开展训练，说不定就能慢慢解决这些问题。

慎重选择和使用电子产品

科技时代的发展使得大量电子产品进入我们的生活，孩子的眼睛接触电子屏幕的时间正在不断增加，不论是电子产品的辐射还是用眼时间的增加，都会影响孩子视知觉能力的发展。有相当一部分孩子之所以视知觉能力出现问题，就是因为长时间看手机、电脑、电视。

有的妈妈可能会抱怨，孩子上网课时无法避免使用电子产品。我们要客观看待这个问题，从孩子的视觉健康发展角度来帮孩子科学分配使用电子屏幕的时间，每次使用要有一定的时间限制，给他的眼睛休息调节的时间，让孩子加强锻炼、保证睡眠，使孩子拥有一双健康的眼睛。

在生活中玩更多趣味识别游戏

我们可以在生活中培养孩子的视知觉能力，通过一些趣味游戏让孩子在愉快的氛围中提升能力。

比如，七巧板拼图游戏，可以提高孩子的视觉分辨与记忆能力；迷宫游戏，从不同样式的迷宫路线找寻出口，训练孩子的协调运作能力；拼图训练，让孩子从简单的几块拼图拼出一张图开始，逐渐增加拼图数量，逐步训练孩子的视觉辨别能力；找不同游戏,让孩子说一说两幅图有几处不同;让孩子在一堆图形里找到相同的图形;让孩子将不同物品按照不同类别分类;等等。这些游戏都可以起到很好的训练效果。

23 左耳进,右耳出
——提升孩子的听觉能力

听觉也是一种重要的感觉。通过听觉,人们可以开展语言交际、欣赏美妙声音,同时许多危险信号也通过听觉传递。所以,听觉在动物和人的适应行为中有重要的作用。

视觉存在视像记忆,听觉也存在记忆。"认知心理学之父"、美国心理学家乌尔里克·奈瑟尔将听觉的感觉记忆命名为"声像记忆",它使得我们有更多的时间来聆听听觉信息,而我们能否准确记录听觉信号决定了我们能否通过听觉实现理解对话、欣赏乐声等行为。[1]

良好的听觉能力,能让孩子听见、听全老师到底讲了什么,保证听到的信息能全面完整地传递到大脑,再经过大脑的处理而弄懂要学的知识。如果孩子听觉能力不强,就很容易出现"左耳

---

[1] 索尔所,麦克林 O H,麦克林 M K. 认知心理学. 8 版. 邵志芳,李林,徐媛,等译. 上海:上海人民出版社,2019:72-73.

进,右耳出"的情况,老师讲过的能在他心里留下的有效内容,要么不全,要么干脆一点没留下,以致他在做题的时候,会因为知识掌握不全面或者没掌握而做错。

还有一部分孩子可能听觉能力本身没问题,但不会听,对于什么该听、什么该记没有概念,这也会导致无效听课,从而出现老师一节课讲完,他什么都没记住的情况。

所以,在孩子听觉能力方面,我们也要给予一定的关注,只有保证孩子有正常、健康的听觉能力,以及让他的听觉发挥作用,他才可能真的听懂、学会。

了解孩子的听觉能力可能会出现哪些问题

孩子的听觉能力可能会出现这样一些问题:

第一,听觉广度差。听觉广度就是在注意力集中的情况下,瞬时记忆可以接纳的语句或字节的范畴。如果老师一句话说了30个字,可孩子只听见了10个字,漏掉了其他20个字的信息,内容听不全导致信息接收不全,这就是听觉广度差的表现。

第二,听觉记忆力差。在专注倾听的基础上,要能保持并回忆一般听觉信息,这种能力就是听觉记忆力。这种能力出现问题,就会导致孩子不能把新接收的内容与旧知识联系起来,从而影响知识的累积与理解。

第三,听觉分辨力差。通过听觉接纳及分辨各种声音刺激的能力就是听觉分辨力。如果孩子的耳朵或听力本身没有问题,但总是出现听错他人的话、对外界声音反应迟钝、难以分辨嘈杂环境中的声音、不能耐心倾听或者自身发音不清等情况，便是孩子听觉分辨力差的表现。

第四，听觉理解力差，即孩子借助听觉来分辨、了解信息的能力差，也就是孩子虽然把老师的话听进去了，可是他的大脑处理不了这个信息，理解不了老师说了什么，导致上课听不懂，孩子自然也就学不会知识。

提升孩子的听觉注意力

听觉注意力是指对有意义的声音信息进行选择和集中注意力的能力，是保证课堂信息吸收的基础能力。

影响孩子听觉注意力的原因有三种：一是心不在焉，孩子表面上好像在认真听，实际上他的心思早就跑到别处去了，不能集中注意力自然也就会错过很多内容；二是觉得不重要，孩子对于知识的重要性认识不足，对于简单的、听过的知识内容会觉得没必要认真听，长此以往，他的听觉注意力就会有明显下降；三是难以自控，孩子天性好动，不能控制自己去注意需要注意的地方，没法静下心学习。

如何训练孩子的听觉注意力？一开始我们可以给他提供一个较为安静的环境，尽量减少无关刺激和干扰，按照由简到繁、循序渐进的原则来给孩子设计一些合适的学习或训练任务，并能用明确具体的语言来确保孩子听见、听全和理解这些任务。可以选择他感兴趣的内容或游戏方式来进行训练,也许会有更好的训练效果。

心理学上有一个"鸡尾酒会效应",就是说,尽管人耳在频繁接收信息,但注意力却可以集中在某一个信息上而忽略背景中其他对话或噪声。我们也可以借助这种方式来训练孩子去抓住他应该听到的内容,也就是在孩子听觉注意力得到提升之后,加大训练难度,在正常的生活环境中,去给孩子布置一些任务或者跟他说一些事情,然后鼓励他去完成或复述我们所说的内容。久而久之,孩子会慢慢习惯在正常的环境中进行听力选择,从而找到自己需要接收的内容,这项能力对于他上课听讲很有用,他能自己屏蔽掉周围环境中的声音,只专注听老师说的话。

选择科学有效的方法进行听觉能力训练

要训练孩子的听觉能力,不妨试试一些有效且有趣的科学训练方法。

听觉记忆法,根据孩子的年龄特点和听觉发展程度,给孩子进行数字听写,或者让他快速进行复述,训练他的听力、记忆力。可以根据他的熟练程度逐渐增加难度,比如增加数字数量或加快听写的速度。

听觉转移法,准备一些写好的词语,以及画好的或者打印好的与词语对应的图案,然后念读词语,让孩子迅速找出对应的图案。

听觉复述法，说出一段内容，让孩子复述这段内容，如果是数字，可以鼓励孩子倒序复述；如果是词语，可以鼓励他把听到的几个词语组成一个通顺的句子。最开始可以是几个数字、几个词，后面可以增加数字和词语的数量。

听觉转述法，给孩子说一句简单的话，提醒他换一种表达方式来解释这句话的意思；或者说一句话，让孩子提炼这句话想要表达的意思。这个方法可以用作前几个训练方法的进阶版，旨在训练孩子对所听词句的理解能力。

24 吮手指、咬指甲
——培养孩子的触觉能力

触觉是孩子感知世界不可缺少的一项感觉。如果孩子的触觉存在异常，那么他就会因为不能感知周围环境而出现恐惧心理，紧张之下会出现吮手指、咬指甲等异常表现。

乍一看，触觉能力不足影响的好像只是孩子的心理，但这种心理会让孩子对外界的新鲜刺激没有那么强的适应性，对新知识的学习心生排斥，对学习不能专注，自然也就会经常犯粗心的毛病。

触觉异常具体可以分为两种表现：一种是孩子的触觉过分敏感，这样的孩子会时时刻刻从外部环境中接收大量信息，上一个信息还没来得及处理，下一个信息已经来了，结果就可能出现一件事只做了一半就去做另一件事的情况，表现得粗心大意；另一种是孩子的触觉反应能力不足，孩子的反应比较迟钝，会经常忘了拿东西，但他自己却没有什么感觉，也就容易给人一种过于粗心的感觉。

其实，造成孩子触觉异常的一个重要原因，就是我们家庭生活环境的变化。孩子随意摸爬滚打的时间少了，窝在家里玩手机游戏的时间多了，触觉受到刺激的频率降低，从心理学角度来说，缺乏触觉刺激会阻碍孩子的智力和运动发展。显然，要想解决孩子的粗心问题，我们也要在孩子触觉能力培养方面多下些功夫。

确定孩子是否真的存在触觉发育障碍

吮手指、咬指甲是触觉发育障碍的表现之一，但并不是所有有这样表现的孩子都存在触觉发育障碍，有些孩子也会因为爱的要求得不到满足、感到孤独、遇到困难感到焦虑、随意模仿以及身体缺乏某些维生素而出现吮手指、咬指甲的行为。

我们先要确认到底是什么原因导致孩子经常性把手放进嘴里，在日常生活中观察他的生活状态，回忆一下我们之前对孩子的关爱是否足够，看看他周围的孩子有没有相同表现。如果排除了其他原因，我们就可以基本认定孩子吮手指、咬指甲的行为是触觉发育障碍所导致的。

💡 在安全条件下给孩子充足的触觉感受机会

排除病理原因,孩子的触觉异常一般都是因为触觉刺激频率不够,简单来说就是触觉体验太少。最有效的应对方法就是给孩子充足的触碰不同质感、不同种类物品的机会,在保证安全的前提下,让他积累丰富的触觉体验。

在家里,我们首先要向孩子强调远离火、电、煤气、尖锐物品、有毒植物、药品等危险物的原则,然后才可以让他自由感受其他各种材质的东西,比如木质、玻璃、石材、钢材、陶瓷、布料、塑料等材质,纸张、毛线、水、面粉、盐、糖、大米、小米、豆子等物品。我们也可以把这些触感体验与家务活动联系在一起,孩子在做家务的过程中,不仅可以接触家中各种物品,同时也能提升劳动技能,可谓一举多得。

出门在外,我们要在向孩子强调"远离交通要道和车辆""远离有危险标志的区域""远离脏乱差区域""行动要小心谨慎"等原则之后,允许孩子自由摸爬滚打,去触摸树木、小草、石子、沙子、水洼、泥坑、霜、雪、冰……孩子对大自然的触感越丰富,他的触觉能力就会越强。

💡 试试关闭其他感觉的触觉训练

丰富了孩子的触感经验以后,我们也可以将训练进一步升级,可以试试在关闭孩子其他感觉的条件下进行触觉训练。

比如把孩子眼睛蒙上，让他通过触摸不同材质的物品来猜物品名称；把东西装进包里，让孩子根据你说的名称把物品准确找出来；在孩子手背上写数字或写简单的字，让他说出你到底写了什么；等等。

通过这些游戏给孩子足够的触觉刺激，促进他的触觉系统发育，提升他的触觉能力，从而改善吮手指、咬指甲的情况，并帮他慢慢摆脱因为触觉问题而引发的粗心。

25 什么味道？尝不出来
—— 培养孩子的味觉能力

味觉与粗心大意有什么直接的联系吗？有的妈妈会觉得这两者之间完全没有关系，如果孩子尝不出味道，不过是因为他不想好好吃饭罢了。

但实际上，孩子身上会出现感觉统合失调的表现，而味觉属于感觉之一，所以味觉异常也同样意味着孩子的感觉统合失调。味觉出现异常，孩子对于味道会出现麻木、混乱的感受，甚至根本尝不出味道，这会直接影响他对饭菜的兴趣，出现只吃饭、只吃菜或者只吃某种味道的饭菜的情况，从而造成营养不足或失衡，影响身体健康。身体不健康，精力便不充足，进而导致孩子无法集中注意力,粗心也就在所难免。

可见,味觉与粗心之间是有联系的,只要平时我们够细心就能发现孩子在吃饭方面的变化,对这些变化进行足够多的思考,就能发现他在吃饭方面的变化与他的学习成绩波动之间的联系。所以,我们不能只知道视知觉、听觉会影响孩子的学习,也要意识到诸如味觉这种我们有时候不在意的感觉也会对孩子的学习产生影响。

了解一下味觉的发育过程

味觉是一种基于化学反应的感觉,味觉的感受器细胞位于舌头上面和侧面的味蕾中,它们聚集在被称为舌乳头的小黏膜突起里,每个都对特定形状的分子特别敏感。[1]

对于婴儿期的孩子来说,味觉是他非常重要的学习手段之一。味觉敏感期通常发生于孩子4~7个月的时候,这个时期的孩子会通过品尝味道来分辨酸、甜、苦等味道,而这些不同的味道会刺激大脑和神经的良好发育,锻炼孩子的感受力。在这个阶段,孩子通过味道来认识世界,也会通过对各种物品的品尝来认识自己,产生自我认知意识,一直到两岁之前,这段时间也被称为孩子的"口欲期"。

当几个月大小的孩子开始不断把东西放进嘴里的时候,我们

---

[1] 津巴多,约翰逊,麦卡恩. 津巴多普通心理学. 8版. 傅小兰,等译. 北京:人民邮电出版社,2022:108-109.

要知道，他开始进入或者已经处在了味觉敏感期，为了能让他建立对味道的正确感受、保证味觉的正常发育，我们除了保证他放进嘴里的东西是干净卫生的，还要有足够的耐心，不随意阻止他的尝试行为。

需要注意的是，如果孩子的口欲期没有得到满足，那他的这个时期就会延后。前面提到的到小学还有"吮手指、咬指甲"的行为，也可能会出现在口欲期没有得到满足的孩子身上。忙着去满足被滞后的口欲期，孩子哪还有那么多注意力投入到学习上呢？

调整食物口味给孩子更多味觉刺激

正常、健康的人可以很容易分辨酸、甜、苦、辣、咸等味道，我们应该让孩子有机会把这些味道都尝到，不要自作主张只让孩子吃很清淡的味道，也不要只为了让他开心而只给他吃甜的东西，多种多样的味道才是刺激孩子味觉发育的最好工具。

平时给孩子准备饭菜时，可以变着花样来调整食物的口味，将酸、甜、苦、辣、咸五种味道搭配起来，丰富孩子的味觉体验。尤其是酸味的、辣味的、苦味的食物，比如柠檬、尖椒、苦瓜，这些食物可以适当让孩子尝一尝。

不仅如此，还可以给孩子准备不同程度的味道体验，比如西红柿、山楂、柠檬和醋都有酸的味道，但它们酸的程度、带给人的感受并不相同，不同程度的味道体验，不仅可以丰富孩子的味觉体验，也能提升他的味觉敏感程度。

💡 用尝味道游戏来加强孩子的味觉体验

为了加深孩子对味道含义的理解，我们可以和他一起玩"尝味道游戏"，这不仅会调动他的味觉记忆，还会丰富他的味觉体验。

我们可以准备几个碗，里面装一样多的水，再分别放入白醋、白糖、盐、碱面等不同物质，让孩子一一品尝，并说出尝到的是什么味道；也可以把不同的水果分别榨成汁，把颜色相近的水果汁放在一起，让孩子通过品尝来说出尝到的是什么水果汁。

对于一些在家里不常吃到或者从未吃过的食物，我们也可以和孩子一起来个"新奇味道大挑战"，鼓励孩子说出他尝到的是一种什么样的味道，比如臭豆腐、螺蛳粉等这些很多人认为是"奇怪"的味道，我们可以和孩子一起来挑战一下。

在这些游戏过程中，我们可以通过观察和沟通了解孩子的味觉喜好，据此来调整他的膳食，确保他的营养均衡。

26 动作协调不良
——培养孩子的动作能力

在我们身边总有一些孩子的行为、动作显得"笨笨的"，他们安静的时候，会表现得"坐没坐相、站没站相"，动起来的时候，又会出现走路容易平地摔、同手同脚，转弯时常会碰到拐角等情况。另外，前滚翻、骑车、跳绳这样幅度较大的动作他们往往做不了，系鞋带、扣扣子、用筷子这样的精细动作他们也完成得很费劲。

若是发现这些情况在自己的孩子身上经常出现，你是不是会觉得自己的孩子"天生笨拙"？不仅如此，孩子这种"笨笨的"表现在学习上也体现得很明显，比如听课不认真、写字费劲、文具丢三落四，行动上的笨拙也给他带来了学习上的粗心，这似乎会让你更加确信你之前对孩子"笨拙"的判断。

其实没必要这么悲观，排除特殊情况，健康孩子的智力发育都是正常的，孩子出现这样的表现大概率也都与"天生笨拙"没有关系，是他的动作协调能力出现了问题。动作能力发展不足、手眼不协调都可以导致孩子动作不协调，那么我们就不妨从这些方面入手来帮助孩子调整他的动作协调能力。

💡 锻炼孩子的肌肉力量

肌肉力量会影响运动能力，肌肉力量较差的孩子运动不够灵活，也更容易感到疲劳，所以才会坐相和站相都不好。

要想锻炼孩子的肌肉力量，就要让他动起来。我们可以先从手部的肌肉力量开始进行训练，比如让他练习抓握，之后再慢慢过渡到手臂肌肉，让他练习提较重的物品，再之后可以选择仰卧起坐这样的练习来锻炼他的腹肌，通过合适的跑跳运动来锻炼他的腿部肌肉。不同的练习锻炼不同部位的肌肉，不需要给孩子安排太难、太密集的训练，但要鼓励孩子长期坚持。

在训练过程中我们要保证孩子的健康和安全，锻炼要适度，如果发现孩子真的有肌肉发育不良的情况，要及时向医生寻求帮助。

训练孩子做精细动作

动作不协调的孩子在做一些精细动作时也会表现得很笨拙，比如，他无法准确地将扣子扣入正确的扣眼，用笔时掌握不好力道，写字速度慢且经常写得超出田字格或者写满田字格，不能很好地完成美术、手工等课程。这些表现看上去就如粗心一般。

对此，我们可以和孩子做一些小游戏，让他的精细动作得到锻炼。比如，穿珠子游戏，让孩子将珠子、扣子等小物品用绳子串起来；制作蛋壳画、碎纸画，将打碎的蛋壳、随意撕剪的碎纸片当成制作材料，让孩子凭借自己的想象用这些碎片贴出各种图形。在确保安全的前提下，也可以让孩子试着绣一下简单图案的十字绣，这种需要用针线在小小的方格布上绣出图案来的游戏，更锻炼孩子的手指灵活性与专注力，因为一不小心他可能就会少绣一针或者绣错了位置。由于这些游戏需要高度的注意力，我们要尽量选择安静的时间和孩子一起进行游戏。

调整孩子的手眼协调能力

手眼协调是指人在视觉配合下手的精细动作的协调性，是由小肌肉的能力配合知觉能力而组成的。手眼协调能力差的孩子，经常出现"会却总是做错"的情况，也就是我们以为的"粗心"。

调整孩子的手眼协调能力，可以试试让他练习定睛凝视，让他在一段时间里保持眼神不从一个物体上离开，从而提升他对某一件事物的专注力。当专注力不断提升，他的动作偏差也会日渐减少。

除了这种静态的练习，也可以让孩子进行动态练习。我们可以锻炼孩子的追视能力，让孩子的双眼紧盯一样事物并跟随它的移动而移动。我们可以上下左右移动物体，也可以拿着物体在孩子面前绕圈。追视能力的提升可以帮助孩子维持足够的注意力，这样上课时不论老师怎么走动，他的思路都能跟着老师讲课的过程走，也能跟着老师的进度翻书或记笔记，这会保证他的学习效果，也会让他避免粗心大意。

27 步伐不稳，调皮任性
——训练孩子的平衡能力

平衡能力属于身体素质的一种，是抵抗破坏平衡的外力、以保持全身处于稳定状态的能力。人做任何运动都要依靠平衡能力才能完成，身体拥有良好的平衡能力才能顺利进行各项活动，包括学习。

如果平衡能力不好，孩子会好动不安，走路会步伐不稳，做事也显得笨手笨脚，上课时会频繁出现小动作，平时也表现得调皮任性，无法与他人很好地相处，经常会莫名其妙与人发生冲突。在这样的状态下，孩子又怎么可能好好学习呢？

所以，为了保证孩子能在课堂上坐得住，能控制自己不那么调皮任性，保证认真学习，我们也要多关注一下他的平衡能力，如果真的存在问题，我们要尽早解决。

及时补充营养

导致孩子平衡能力不好的因素之一，就是身体缺乏足够的营养，比如缺钙或维生素 D 会让骨骼发育受到影响，从而导致平衡能力不好。

所以，我们可以先关注一下孩子的营养摄入情况，日常生活中多注意孩子的肠胃功能，通过饮食多样化来满足孩子的营养需求。尤其是要注意饮食摄入均衡，除特殊情况外，蛋、奶、蔬菜、水果、五谷杂粮等都要让孩子有充足的摄入，同时也要避免孩子挑食、偏食，鼓励他三餐按时吃，少吃不健康的零食。

除了饮食，也要在天气好的时候，多带孩子去户外做运动，晒晒太阳，促进维生素 D 的合成及钙质的吸收，帮助孩子强健骨骼。

进行科学的前庭觉训练

谈到平衡能力，就不得不提及前庭觉，也就是平衡觉。

前庭是人体平衡系统的主要末梢感受器官，向大脑传递视、听、嗅、味等信息，这些信息经由位于脑干前方的前庭神经核进行处理。前庭系统是内耳中主管头部平衡运动的一组装置。前庭系统对传入躯体的本体觉、视听觉、触觉、运动觉等信号进行筛选后，向更高级的中枢神经系统进行传递，整合后通过7条神经通路对外周神经和肌肉作出调整反应，这些神经通路对视觉稳定、姿势控制、平衡、动作协调、空间定向、情绪等有很大作用。[①]

人体的前庭系统和平衡系统只有保持密切的协调，人才能正确处理大脑接收的信息与身体之间的关系，进而做出必要合理的举动，这就是前庭平衡，而处理前庭平衡的整个感觉系统统称为前庭觉。

前庭觉训练方法包括俯卧、转动、晃动等。

俯卧：孩子俯卧和爬行时头部与身体呈大约90度，有利于刺激前庭神经核，从而促进前庭神经的发育。成人也可以考虑适当做爬行或者游泳等训练来提高前庭神经功能。

转动：头部转动时以颈部为支点，转动过程中会持续刺激前庭神经核，帮助训练前庭觉。

晃动：身体晃动会引起头部震动，可使前庭神经核受到一定的刺激，有助于促进前庭觉的发展。

---

① 刘博，王国鹏. 关注前庭系统基础研究. 中国医学文摘（耳鼻咽喉科学），2014，29（5）：265-267.

💡 通过日常游戏增强平衡感

很多日常游戏可以被用作增强孩子平衡感的练习，我们要在保证安全的前提下，让孩子在较为轻松的状态下提升平衡感。

比如，带孩子去儿童乐园里玩蹦床，由于蹦床的不稳定性，孩子在跳起、落下的过程中要努力维持身体平衡，防止在落下来时因为站立不稳而跌倒；也可以让孩子玩"平衡木"的游戏，不一定是真正的平衡木，石头质地的花坛、道路两边突出的路牙子，只要安全稳固都可以用来练习，我们可以让孩子在上面练习前进、后退或者单腿站立，孩子熟练以后我们还可以给他增加难度，让他站在上面接抛球。另外，我们还可以让孩子练习端着水杯前进或转圈，让他保持水杯中的水不洒出来。

类似这样的一些游戏，既能让孩子锻炼平衡能力，还能带给他快乐，他也会愿意进行这样的训练。而随着孩子平衡能力的提高，我们可以适当增加游戏的难度。

28 方向感差，容易迷路
——增强孩子的空间方位感

学习是一种知觉活动，需要一定的空间关系认知，所以空间方位感也被看作与学习有密切关系的心理能力。

一说到孩子空间方位感不好，很多妈妈会觉得不过就是"分不清东西南北""不知道左右"，并不会对这方面的问题有多重视，甚至有的妈妈还会说她自己也分不清，"孩子分不清估计是遗传吧"。如果我们这样对待孩子空间方位感不强的问题，那日后我们就会错误判断孩子的粗心。

事实是，如果孩子的空间方位感很差，他在学习上就会出现很多看似"粗心"的问题，比如，写字的时候出现偏旁部首位置颠倒、无法在一定的空间内合理排列文字等。需要注意的是，这样的孩子数学成绩可能会尤其差，因为有科学研究表明，数学与空间方位感息息相关。小学低年级的数学课会教孩子分辨方位，看时钟辨认时间，掌握点、线、面等基础知识，到了高年级会学习三视图，初中又会学习几何知识，显然，孩子需要有良好的空间方位感，才可能快速准确地掌握这些知识。

空间方位感在孩子的学习过程中，尤其是在学习数学的过程中发挥了重要作用，所以我们有必要给孩子培养良好的空间方位感。

💡 帮助孩子在头脑中建立空间思维

如果孩子的空间方位感不好，我们可以先帮他在头脑中建立起空间思维。日常交流中，我们不妨多使用一些描述空间方位的词语，比如大、小、高、矮、上、下、前、后、左、右、里、外等。我们也可以经常使用东、西、南、北四个方位词，帮助孩子在大脑中建立起空间形象。

同时，我们也可以引导孩子自己去感受和判断空间，比如能不能把一件东西装进书包，这就需要孩子判断一下物品的大小和书包的容纳空间，然后根据判断结果做出论断。

在孩子接触到更科学、更专业的空间知识之前，我们要让他尽早熟悉"空间"这个概念，建立起对空间的感受。

教孩子以身体为参照物定位

人的大脑会以自己的身体为参照物来进行定位，就像我们所熟悉的"上北下南左西右东"的说法，便是以我们自己的身体为参照指出来的"上下左右"四个方向。如果孩子能够学会用自己的身体进行定位，那么他就会逐渐建立起良好的空间方位感。

让孩子学会用自己的身体定位，先要让他能够轻松分辨左右，我们可以通过一个游戏帮助孩子学会分辨左右，这就是"本体辨两侧"的游戏。因为正常人的很多器官都是对称的，双手、双脚、双耳、双眼都是两侧对称的，通过对两侧感觉的建立，我们可以引导孩子学会根据自己的两侧来辨别左右。

比如，我们可以让孩子"举起右手""向后抬起左脚""摸摸右边的耳朵"等。当孩子能熟练辨认自己的左右之后，我们可以让他辨别一下在他对面的人的左右。这时，我们就可以给他找一个

"四肢健全"、"五官"也齐全的玩偶，或者干脆我们自己站在他的面前，让他指一指我们的"右手""左眼睛"，以此来增强他对左右两侧的辨认能力。

💡 通过游戏提升孩子的空间方位感

对孩子来说，在游戏中建立空间方位感既有趣又便利，所以，我们可以选择一些合适的游戏来训练他的空间方位感，比如下面这些游戏：

转向头不晕：向孩子发出"向左转""向后转"的口令，让他快速判断出自己的前后左右，并进行相应的转动。也可以让孩子玩模仿游戏，就是我们随机做"向左转""向后转"的动作，让孩子来模仿我们。

听声辨方位：对孩子喊出上、下、左、右、前、后等方位词，让孩子用手指向相应的方位，或者让他用上跳、下蹲、左右跨步等动作来指代相应的方位。还可以增加游戏的难度，让他进行反方向的辨认，比如，说"左"他要指右，说"上"他要下蹲，我们可以和他进行比赛，增加游戏的趣味性。这个游戏也可以提醒孩子"题目要求不同结果就会不同"，他需要仔细审题，以免做了无用功。

空间辨认：在房间不同位置放上不同的物品，让孩子站在房间中间辨认物品的位置以及自己的位置，之后再蒙上他的眼睛，我们说一样物品，由他来描述物品的位置、大小、形状等特点。

空间重塑：给孩子重新布置自己学习空间或卧室的机会，帮他改变书架、书桌位置,以掌握划分空间的能力。

以上游戏我们可以量力而行,不要拘泥于某一个游戏,一切以让孩子能建立起空间方位感为目的。

29 时间是什么?没概念
——培养孩子的时间感

时间是一个抽象的概念,对孩子而言,它就更加抽象了。孩子在不理解时间的时候,对于"还剩几分钟""马上要到点了"等与时间有关的内容没有实际的感受,所以不管你向他强调几遍"没时间了",他可能都会因为不理解而无法作出你想要的回应。

没有时间概念会给孩子带来什么影响呢?拖拉、磨蹭、任务安排混乱、时间前松后紧等情况会屡屡出现,比如考试的时候,有的孩子经常做不完试卷,原因大多是前面的题做得慢,到后面做大题时已经没有时间了。在这样的状态下做题,自然是错误百出。因为时间不够而导致的粗心,其实是"缺乏时间概念"的结果。

所以,就这个情况来说,想要改变粗心的结果,必须要从"培养时间概念"入手,我们只有消除了"缺乏时间概念"这个根源,才能再去督促孩子认真、努力、细心。

💡 培养孩子自己关注时间的习惯

> 曾经有妈妈这样解释替孩子关注时间的行为:"我是个很遵守时间的人,所以看到孩子不遵守时间我就很焦虑,就忍不住反复强调,他要是做不到就会着急训他。总不能我自己遵守时间,孩子却做不到吧?所以我就总替他想着。"

这位妈妈的问题在哪里呢?她替孩子把控了时间,展现的只是她自己"遵守时间"的美德,并不是孩子的,孩子不过是"因为妈妈守时才守时",他自己完全没有养成好习惯。

这显然是不行的。我们自己要先转变观念,既然自己遵守时间,那就要把自己是怎么养成这个好习惯的方法教给孩子,而不是单纯向孩子展示自己是怎么遵守时间的。

在孩子还没有学习时间知识时,我们可以经常提及时间,让他注意到生活中有时间的存在,比如"晚上 6 点吃晚饭""早上 7 点起床""下午 3 点洗澡""玩半个小时""锻炼 40 分钟"……每次提及时间时,最好也让孩子注意一下钟表,让他看看晚上 6 点、早上 7 点、下午 3 点、半个小时、40 分钟在钟表上是怎么体现的,在他头脑中不断建立时间的"实体"模样,让他养成每次说到时间都会抬头看钟表的习惯。

当孩子学了时间的知识后,我们就要结合他课本上讲到的时间知识,帮助他更具体、更详细、更科学地认识时间,还可以把生活中"看看时间""帮我看5分钟"这样的小任务交给他来做，让他对时间的概念越来越清晰。

教孩子正确估计时间

"估计时间"的能力也就是时距知觉能力，包括对过去做事用去的时间进行评估、对现在正在进行的事情所用的时间进行判断、对将来即将发生的事情所用的时间进行预估的能力。良好的时距知觉能力可以将时间估计得差不多，这样做起事来就能按部就班，不会出现拖沓或者紧张的情况，从容做事也能减少粗心的发生。

可以先让孩子体会不同时间段的长短，比如1分钟有多久、5分钟有多久，结合他在学校里学习的与时间有关的知识内容，然后在日常生活中进行练习。可以让他试着估计烧开一壶水要多长时间、根据自己的能力写完所有作业要多久，也可以给他一个秒表，让他练习估计一分钟，根据自己估算的偏差进行调整后继续练习，逐渐掌握对时间的正确判断。

我们可以给孩子机会让他感受用同样的时长做不同事情，比如看15分钟动画片和做15分钟题，相信很多孩子的体会是感觉前者时间短、后者时间长。通过这样的比较也可以提醒孩子，做他在意的、喜欢的事情时，他会因为专注而忽略时间的流逝，做不喜欢的事情时他可能就会觉得时间很漫长。但对于像学习这样的必须要做的事情，他应该学着以正确心态去对待，只有以学会知识、提升自我为目的，才能更好地利用时间，而不是敷衍了事，蹉跎时日。

💡 引导孩子养成"按时做事"的习惯

孩子的拖拉、磨蹭都会导致他在预定的时间里完不成预先计划好的事，以致本应好好利用的时间被浪费，本应做其他事情的时间被占用，各种事情的安排都被打乱。这种情况如果长期存在，不利于孩子养成良好的时间观念。

所以引导孩子养成"按时做事"的习惯也需要被提上日程，和孩子提前说好什么时间点开始做什么事、这件事要做多长时间、预计在什么时间结束，然后提醒他严格遵守这个时间安排，除非有特殊情况，比如题目实在搞不懂、受其他突发事件影响，否则不能随便拖后或延长时间。

一开始孩子可能不能很好地完成，但我们要让他坚持下去，可以使用定时器等辅助工具，这也可以帮助孩子养成集中注意力的好习惯。

30 要专注于一处
——教孩子学会集中注意力

注意力不好能对孩子未来的学业产生多大影响呢？

> 加拿大蒙特利尔大学2019年的一项研究发现，在幼儿园里注意力不集中的五六岁的孩子，在33至35岁时，比其他孩子更可能报告收入较低。注意力不集中的问题往往会导致孩子辍学或在进入劳动力市场时难以适应。①

从这样的实验数据可见，注意力对孩子的学业以及未来有着难以估量的影响，显然我们越早注意到孩子的注意力问题越好。就粗心而言，其原因有很多，注意力不足可以算是其中相当重要的一个。孩子一旦出现注意力不够集中的情况，就会学习不专注，无法认真记忆知识或者阅读题目，发现不了其中的细节，不能认真思考，知识学习当然也就漏洞百出，粗心在所难免。

在想办法解决注意力问题之前，我们先关注一下"注意"。

认知心理学中对"注意"有一个通用的定义：心理能量在感觉事件或心理事件上的集中。注意研究一般涵盖这一主题的五个主要方面②：

第一，加工容量与选择性。可以注意外部世界当中的一些线索，但不是全部。

第二，控制。能够对自己关注的刺激施以某种控制。

---

① University of Montreal.Inattentive children earn less money at 35. https://www.sciencedaily.com/releases/2019/06/190619111254.htm.

② 索尔所，麦克林 O H，麦克林 M K. 认知心理学. 8版. 邵志芳，李林，徐媛，等译. 上海：上海人民出版社，2019：75-76.

第三，自动加工。很多日常的过程因为自己非常熟悉，以至于几乎不需要有意识关注，而是自动进行。

第四，认知神经科学。人的大脑与中枢神经系统是注意和所有认知过程的结构基础。

第五，意识。注意使事件进入意识状态。

从这些方面我们不难发现，良好的注意力会让人有意识地专注于该做的事，还能养成并延续良好习惯，这些都是孩子学习中需要具备的，尤其是在解决粗心的问题上可以发挥重要作用。那么，我们应该怎么做呢？

💡 提醒孩子注意该注意的事情

我们从字面意思来看"粗心"，就是心思很粗，就好像一条很宽的路，谁都能走，人流量太大，形形色色的人应有尽有。显然，孩子如果任由各种事情随意进出他的大脑，那些需要他注意的事情他自然也就不可能清楚地注意到了。

所以，我们可以给孩子一些助力，帮助他挑出那些需要他注意的事情。比如上课的时候，认真听课、抓住课堂重点、找到自己的疑难点就是他需要注意的事情，但老师穿了件新衣服、窗外的树上掉下片叶子、同学的笔坏了等事情，就不是他该注意的了。

关于怎么确定一件事是不是孩子该注意的，我们会在第六章的"重要的事情要先做"部分进行详细的解读。

💡 提升孩子的抗干扰能力

有良好注意力的人，可以在任何环境下完成学习或工作，不会轻易被其他事物干扰。这样的人并不是听不见、看不见其他干扰，而是具有很好的抗干扰能力，能够控制自己的思想不被其他事物"带走"。

所以，拥有良好的抗干扰能力，也能帮助孩子免于因不相干的事而出现粗心，这也就是对前面提到的"鸡尾酒效应"的利用。要实现这个目标，我们可以从家内、家外两个部分入手。

在家里，我们要创造一个相对安静的环境，如果孩子在学习或者专心做一件事，其他人不要故意去干扰他，但正常的活动是可以做的，比如，打电话、用正常音量交谈、走动、做家务等，让孩子逐渐适应这种正常的有声的生活环境。

在家以外的地方，可以有意识地训练孩子对某件事的专注，比如在热闹的超市里给孩子说一说要买什么东西，并提醒他记住；在乘坐公交车或地铁等交通工具时，让他"帮忙"记住要坐几站以及在哪一站下车；在热闹的人群中给孩子讲安全注意事项；等等。在这样的环境下，孩子的视觉、听觉都将受到多方影响，对于训练抗干扰能力很有效果。

💡 教孩子掌握正确的"劳逸结合"

孩子的注意力集中时间是有限的，虽然经过训练这个时间段会延长，但孩子不可能长期保持专注。为了能让孩子在有限的注意力集中的时间里更好地学习，我们要教他掌握正确的劳逸结合。

提醒孩子该学习的时候就好好学习，需要认真对待的事情就要以事为先，等学习的任务完成了，事情做完了，再集中一段时间好好休息，让大脑、眼睛、精神都得到放松，养精蓄锐，等待下一个任务到来。

正确的劳逸结合就像是一段波浪线，高峰是"劳"的时刻，低谷则是"逸"的时刻，二者要有区分，不能混为一谈，尤其是有些孩子边玩边学，这就是错误的"劳逸结合"，结合的意思是完成一件事再做另一件事，而不是将二者混为一体。只有正确的劳逸结合，才能让孩子既能完成任务也能得到良好的休息。

31 记忆错误，记忆遗漏
——重视提升孩子的记忆力

记忆是一种基本的心理过程，人的过去经验对于人的知觉而言有重要的作用，没有记忆的参与，人就不能分辨和确认周围的事物。在解决复杂问题时，记忆提供的知识经验起着很大的作用。没有记忆，就没有经验的积累，也就没有心理的发展。同时，记忆联结着人的心理活动的过去和现在，是人们学习、工作和生活的基本机能。离开了记忆，个体将什么都学不会，行为也就只剩下本能，所以记忆对人类社会的发展有重要的意义。也可以说，没有记忆和学习，就没有我们现在的人类文明。[①]

如此来看，记忆力是孩子学习过程中非常重要的一项能力。有些孩子的粗心是一时看错，但有些孩子的粗心却是初始记忆错误，也就是从一开始就记错了，比如他把"认真"记成"任真"，把"一鼓作气"记成"一股作气"，或者从一开始就记漏了，比如一篇古文，漏记了一个短句，那么不论怎么考他，他总是会忘记那个短句，因为最初他就没有关于这个短句的记忆。

对于这样的粗心，不论你说多少遍"你要认真细心"都是没用的，就像是错误的程序，如果不从初始进行改变，那永远都只能运行那段错误的程序。要解决这种情况的粗心，我们应该把重点放在对孩子记忆力的培养上，良好的记忆力会帮助他建立正确的初始运行程序。

💡 提醒孩子看准了再开始记忆

有的孩子只是草草看一眼要记的内容便立刻通过各种方式开始记忆，但这"草草一眼"可能导致他看错、漏看，以致让他一开始就记错了。

[①] 彭聃龄. 普通心理学. 5版. 北京：北京师范大学出版社，2018：214-215.

> 孩子让妈妈帮忙检查自己《静夜思》的背诵情况,他背道:"窗前明月光,疑是地上霜。抬头望明月,低头思故乡。"
>
> 妈妈听了后皱了皱眉说:"按照我的记忆,感觉你背的这首诗里错了两处,你要不要再看看书?看准了再背。"
>
> 孩子听后赶紧去翻书,然后不好意思地说:"我把'床前'记成了'窗前',把'举头'记成了'抬头'。"
>
> 妈妈点点头提醒他:"要看准了再记,不然你记的一直就是错的,这不等于白记了吗?"

在孩子草草看一眼就想要记忆的时候,我们不妨问问他"有没有看准",让他确定自己看到的内容是不是正确的,提醒他反复确认要记忆的内容之后再去记忆,要保证没有看错、没有漏看。如果要背诵,可以提醒他一字一句读完,保证读对之后再开始背诵。

💡 教孩子反复记忆重要的内容

人类大脑对新事物有遗忘的规律,如果没有加强记忆,那么随着时间流逝,记忆也会慢慢消散,这个消散的过程是先快后慢、先多后少。也就是说如果不能趁着记忆还在的时候加强记忆,那么最终头脑中能留下的东西会越来越少。

学习知识本就应该是一个重复、加强记忆的过程,只有记得牢固,才能在需要用到的时候随时调取。所以,要提醒孩子,虽然当时记住了,但过后一定要及时巩固,越是重要的内容越需要反复记忆。

记忆的方法有很多,比如联想记忆、思维导图记忆、计划表记忆、理解记忆、谐音记忆、口诀记忆等。可以让孩子选择他习惯使用的方法来巩固记忆。

💡 引导孩子及时梳理过去的记忆

虽然我们提醒了孩子一开始就要记准确,但总有马失前蹄的时候,再加上随着所学内容越来越多,孩子对某些知识的理解会越来越深刻,这时他过去的记忆就需要进行调整,帮助他留下更有用的信息、纠正以往错误的信息、补充不太完整的信息,以及及时回忆正在遗忘的信息。

其实放在学习中来看,这个过程就是孩子复习的过程。及时梳理过去的记忆,可以保证孩子的学习呈现不断积累的上升,使得这些知识在他日后的学习、考试甚至未来的工作、生活中发挥作用。

32 让大脑动起来
——培养孩子的思维能力

思维在我们的日常生活中必不可少,学习知识、解决问题、辨别真伪、识别美丑、探索新知、创造未来、这些都离不开思维。

所谓思维，就是借助语言、表象或动作实现的对客观事物的概括和间接的认识，是认识的高级形式。

如果说感觉、知觉是直接接受外界的刺激输入，并对输入的信息进行初级加工，记忆是对输入的刺激进行编码、存储，那么思维就是对输入的刺激进行更深入的加工，它可以揭示事物之间的关系，形成概念，利用概念进行判断、推理，解决人们面临的种种问题。

但同时，思维与感觉、知觉、记忆活动所提供的信息息息相关，只有在大量感性信息的基础上，在记忆的作用下，才可能进行推理，作出种种假设，并检验假设，进而解释感觉、知觉、记忆所不能揭示的事物内在的联系和规律。①

如此来看，思维能力堪称智力的核心，如果孩子的思维能力不好，那么再简单的问题，他也会容易出错。而那些简单的问题，孩子一旦做错了，我们就会根据他的知识掌握水平和学习能力得出结论，认为他就是"粗心"。

如果孩子的思维过分活跃，头脑转换得太快，思维不能稳固，一件事还没做完就开始思考另一件事，一道题还没做完就在想另一道题，这样的孩子也很容易出现粗心的问题。

💡 引导孩子针对问题本身去思考

粗心的孩子在思考的时候，要么想得少，要么想得多，他做

---

① 彭聃龄. 普通心理学. 5版. 北京：北京师范大学出版社，2018：254.

不到只针对问题本身去思考，就很容易因为考虑的内容有偏差而不能正确解决问题。

孩子需要做到针对问题本身去思考，他应该考虑问题是什么、是哪部分的问题、与问题相关的条件是什么、要解决这个问题需要具备什么知识、可以用什么方法来应对问题……也就是说，他考虑的所有内容都要围绕问题本身来展开。而事实上，孩子对问题本身考虑得越周全，他能顺利解决问题的概率也就越大。

在最开始时，我们可以帮助孩子针对问题展开思考，帮助他列出与问题相关的内容，期间可以引导他自己去发现问题涉及的内容，对于他不确定的地方，提醒他及时翻阅课本查漏补缺。

💡 培养孩子思维的严密性

缺乏良好思维能力的孩子，还会出现思维不严密的情况。比如，有的孩子做题的时候经常会丢三落四，假如题目问了好几个问题，他一定会丢掉其中的一个；写作文时也经常会出现一段话没写完就开始写下一段的情况。

出现这样的情况，也许是因为孩子的思维呈现出一种跳跃性，习惯看到哪里想哪里，思想前后没有连接到一起。既然如此，我们就要提醒孩子做事学会按部就班。就拿做题来说，如果一道题有好几问，他可以在题目上标出1、2、3这样的序号，然后按照顺序去作答，就避免了漏答的情况。

另外，平时在生活中可以让孩子与我们一起做连续性的工作，比如做饭包括买菜、洗菜、切菜、煮饭、炒菜等一系列工序,少一样这顿饭都吃不成。通过这样的连续性工作,来提醒孩子要注意工作中的每一个环节,从而使他的思维逐渐趋于严密。

提醒孩子将思维与专注结合起来

孩子要具备良好的思维能力,专注是必要条件。其实前面讲的"引导孩子针对问题本身去思考"也可以看成专注的一部分内容。这里所说的专注,范围要更大一些,我们要提醒孩子,头脑的思维必须与他要做的事情相联系,比如学习,理应做到一心一意、专心学习,不能边学边玩,也不能被其他事情干扰而影响学习。

也就是说,孩子应该学会控制自己的思维,知道什么时候要集中注意力,知道什么时候需要摒弃其他一切杂念,知道自己在什么时候要考虑什么事,也知道什么时候不需要过多思考。思维专注可以算是应对粗心的一大重要法宝。

33 没有什么可以影响你
——培养孩子的情绪控制力

有时候孩子一时的粗心是因为他当时刚好感觉很烦躁,烦躁的原因也很简单,不过是课间和同学发生了口角,但这种烦躁却让他完全无法静下心来，一道题就算读了很多遍也没有读懂，下笔做题的时候更是完全不知道自己写了什么，即便是很简单的一道题，也可能会做错。这种粗心的表象之下，其实是他情绪失控带来的深刻影响。

关于情绪，当代心理学家将其界定为一种躯体上和精神上的复杂变化模式，包括生理唤醒、感觉、认知过程以及行为反应，这些是对个人知觉到的独特处境的反应。简言之，每个人出现情绪的过程就是一个唤醒、感觉、思想和行动的过程。当体验到强烈的情绪时，自主神经系统会通过其交感和副交感系统的活动同时为躯体的情绪反应做好准备。你可能会在经历了强烈情绪事件后维持一段时间的唤醒状态，这是因为一些荷尔蒙仍然处于血液循环中。[1]

从科学角度来看，如果不能很好地控制，情绪会影响一个人的行为。由此可见，情绪也是造成孩子粗心的一个重要原因，而成长中的孩子，绝大多数都做不到好好控制情绪。所以，因为情绪影响而粗心的孩子不在少数，且对于很多孩子来说这也是一个"顽疾"，急需获得帮助。

鼓励孩子正确表达自己的情绪

很多孩子之所以不能很好地处理情绪，是因为他最开始就不

---

[1] 格里格，津巴多. 心理学与生活. 16版. 王垒，王甦，等译. 北京：人民邮电出版社，2003：352，355.

会正确表达情绪，情绪得不到正确的释放，也就不可能得到正确处理。

这需要我们给孩子一些帮助，要通过日常的观察来确定他是不是有了情绪、有了什么样的情绪，观察他整个人的状态是开心的、兴奋的，还是悲伤的、低落的，或者是愤怒的、暴躁的，根据他情绪的不同，我们可以教他选择使用合适的方式来表达。

不论什么样的情绪都会有原因，我们要和孩子一起找到他产生这个情绪的原因，引导他自己主动把这个原因讲出来，其实孩子的很多情绪在他讲出原因之后，就已经释放了一大部分。如果孩子情绪非常激动，我们可以让他在安全、不打扰他人的环境里发泄一下，但也要提醒他：得意不要忘形，失意也不要意志消沉。

💡 引导孩子学会快速处理情绪

带着情绪去做事，不论情绪是好的还是坏的，都可能会给孩子带去不好的影响。好情绪虽然是令人兴奋的，但也会让不懂控制的孩子过于兴奋，以至于不能安下心来做事；坏情绪就更不用说了，它会占据孩子大脑的主要阵地，让他几乎完全不能行动。

这时我们要引导孩子快速处理情绪，可以从事情的轻重缓急说起，提醒他重要的事情可能不等人，容不得他沉浸在情绪中，所以在面对学习中比较重要的事情时，比如考试、听课，他需要暂时把那些情绪放下，把心思放在学习上。等考完试、听完课，再去处理那些影响情绪的事情。

要注意一点，快速处理情绪并不是要求孩子必须很好地解决情绪问题，而是要让他能分清当下要紧的事，能够做到把情绪与要做的事情分开，能够控制自己的情绪不去影响做事的心思和行为。而怎么应对情绪、怎么解决情绪带来的影响，这是需要我们在平时生活中一点点教给孩子的，相信随着经验的不断积累，孩子终将可以学会正确处理情绪。

教孩子学会正确运用情绪的激励作用

心理学上有个耶克斯－多德森定律，说是随着唤醒水平的提高，复杂工作的绩效会降低，而简单工作的绩效则会随着唤醒的提高而提高。因此，情绪的一个重要功能就是激励我们前进——促使我们向重要的目标迈进。由情绪引发的生理唤醒可以令我们得到最高的绩效水平，但同时我们又不能让自己的情绪过于强烈，否则又会受其影响反而使绩效降低。[1]

根据这个定律，我们可以提醒孩子，情绪不一定只带来负面效应，情绪也可以化为动力。这需要我们教孩子去提取情绪里可以起到激励作用的部分，比如，孩子因为有好事发生而开心，那就可以引导他思考，"想要开心不变成伤心，那就认真学习，好成绩会让我更开心"；孩子因为琐事感到伤心，那就提醒他，"为什么只有我不开心？我完全可以考个好成绩来让自己开心起来"；孩

---

[1] 格里格，津巴多. 心理学与生活. 16版. 王垒，王甦，等译. 北京：人民邮电出版社，2003：359.

子和同学发生口角感到生气,则不妨借此激励他,"我凭什么生他们的气?我就是要在成绩上胜过他们"……

通过这样的激励,来帮助孩子找到自己可以继续努力的动因,让他能反借情绪的力。当然就如前面提到的,我们也要帮助孩子把控情绪的力度,以免他情绪过于激烈,反而起不到激励作用。

第五章

告别粗心，你可以的！
——准备解决粗心问题的"小锦囊"

应对孩子的粗心问题时，如果妈妈不用心，或没有智慧，就很容易陷入困扰，以致孩子着急，妈妈更急。所以，我们不妨开动脑筋，准备一些解决粗心问题的"小锦囊"，及时给孩子一些点拨，帮助他明确努力的方向和方法，并且坚定地行动起来，从而逐渐告别粗心。

34 咱们聊聊吧！
——就粗心问题与孩子好好沟通

粗心不是小事，如果我们对它回避不谈、遮遮掩掩，它就会如堤坝上的蚁穴，在不知不觉中蚕食着孩子好不容易建造起来的学习大坝。但换个角度来说，粗心也并不能算是很大的事，只要孩子能诚恳面对，认真寻找粗心的原因，并针对原因采取正确合适的处理方法，绝大多数粗心问题都可以得到解决。

可是有的妈妈是怎么做的呢？她选择不停地训斥、督促、抱怨，甚至打骂，结果孩子的粗心问题完全没有得到解决，反而"发作"得越发频繁。有的孩子对粗心问题要么无所谓，要么压根儿没意识，要么过于谨慎而矫枉过正，以致粗心依然是他的常犯错误，哪怕老师和爸爸妈妈多次提醒，他仍然是屡教不改。

所以在粗心这个问题上，我们和孩子都可能有误解和错误行为，那么想要解决它，我们不妨和孩子来聊一聊我们自己的想法和孩子的看法，然后和他一起及时纠正错误，寻求更合适的解决方法，争取尽早、彻底地解决这个问题。

💡 与孩子交流各自对粗心的理解

找个双方都比较平静的时刻，和孩子面对面交流一下对粗心的看法，重点是要说出各自的看法，而不是去指责孩子，这是我们要格外注意的。

在与孩子的交流过程中，我们可以把自己经历过的粗心事件、粗心带来的惨痛后果讲一讲，说一说自己对孩子粗心问题的担忧，讲一讲对孩子的希望。然后再问问孩子是怎么看待粗心的，听他说说他已经想到的或者正在执行的应对粗心的办法。在孩子说的时候，我们要认真听，看看他对粗心是否有正确的认识，以及他想到的应对之法是不是合适，如果合适，我们就要鼓励孩子坚持做下去。

这个交流其实也是一次情感的交流，通过这样的交流，我们可以与孩子实现互相了解与理解，这样我们日后再进行教育的时候，孩子也会知道我们为什么会那么严肃、严厉，以及他为什么需要认真对待粗心问题。

💡 和孩子一起找找他粗心的具体原因

有一小部分孩子能够自己意识到要改正粗心，但大部分孩子对粗心可能还是一头雾水，对此我们可以借助沟通的过程来和孩子一起找找他粗心的具体原因。

这时候，我们也可以表现得科学严谨一些，把前面提到的与粗心有关的原因都列一列，然后一项一项地去与孩子的表现作对照，和孩子一起回忆他每次粗心时有没有什么典型表现，以便找到他粗心的准确原因。

这个过程是一个展示孩子"不好的一面"的过程，孩子自己可能不会很开心，那么我们首先要控制好自己的情绪，不要越说越生气，而要客观地帮孩子分析问题，提醒他找问题时不要顾及面子，把问题剖析得越准确，就越能抓住问题的根源，从而有助于日后彻底解决问题。

选择孩子也同意的应对方法

有的妈妈解决孩子粗心问题的心情很急切，她会四处寻找各种各样的方法，巴不得把每一种都用在孩子身上，其中，有的方法可能很极端，有的方法可能只适用于某种类型的孩子，有的方法可能并不是孩子喜欢的。那么，这些方法即使有效果也不能算好方法，因为如果孩子不配合，任何方法都相当于无效。

在方法选择上，我们要和孩子一起商量，选择适合孩子的问题类型、性格特点的方法，然后给孩子把方法的操作过程、可能起到的效果都讲清楚，可以先让他试一试，如果觉得有效果，就让他集中精力按照方法步骤去做。

35 咱们来签个协议吧！
——与孩子签订"告别粗心协议"

我们不妨以更正式的态度来对待孩子的粗心问题，比如，可以和孩子签订一个"告别粗心协议"。

对大部分人来说，尤其是孩子，一件事被很正式地写在纸上并被贴出来或摆出来，它就仿佛有了神奇的效力。就像人们会把鼓励自己的话写在小纸条上并贴在书桌上一样，当这份正式的"告别粗心协议"签订后，孩子内心对于改变粗心现状、告别粗心问题这件事也会有一个更为深刻的印象。有位妈妈就是这样做的：

> 儿子的粗心已经有一段"历史"了，这导致他每次考试都白白丢掉了许多分。而平时生活中他也会粗心，不是忘带课本，就是记错时间……妈妈对此十分着急，可是普通的训斥并不管用。
>
> 一天，喜欢看书的妈妈在看历史资料时忽然发现历史上有很多问题都是通过协议来解决的，签订协议的双方必须要遵守协议内容。妈妈灵机一动："我何不也和儿子签订一个'告别粗心协议'呢？"

> 于是，妈妈便将自己的计划告诉了儿子，然后问道："怎么样？敢不敢跟妈妈签这个协议？"儿子的好胜心被激起来了："当然敢！我一定会改掉粗心的毛病的！妈妈您就瞧好吧！"
>
> 接着，母子俩就参照历史资料中协议的格式，也做了一份"告别粗心协议"，其中罗列了孩子应该注意的容易粗心之处，还列出了妈妈应该注意的某些问题，并写明了违反协议的惩罚措施，以及孩子按照协议去做能得到的奖励。最后妈妈和儿子都在上面郑重地签上了自己的名字。
>
> 从那以后，儿子开始格外注意自己的言行，虽然粗心的毛病还会犯，但明显比之前好了许多。

孩子小的时候会希望自己能快快长大，他会对成年人能做到的事情持有一种好奇的心理，而且很多孩子都有一种不服输的心理。这位妈妈就很擅长抓住孩子的心理，她巧妙地利用了这两种心理，从而让孩子给自己设下了一道"控制锁"，显然自我约束要比他人的督促更有力度。

所以，和孩子签订协议是一个很有用的办法，为了帮孩子改掉粗心的毛病，我们不妨也试用一下。

💡 和孩子一起讨论协议的具体内容

所谓协议，就是两个或两个以上的实体，为了开展某项活动，经过协商后达成的一致意见。

从这个定义来看，"告别粗心协议"就是我们与孩子之间为了能帮他改掉粗心的毛病而达成的一致意见。要想达成一致，我们就要和孩子一起讨论协议的具体内容，而不能只凭我们的意愿去制定协议书。

协议的具体内容要包括孩子的现状是怎样的、孩子自己应该怎样做、要在哪些地方避免粗心、如果做不到将会受到怎样的惩罚等。另外，因为协议对双方都应该有约束力，所以其中也要包括我们应该做到的条款，比如，不要因为粗心总是训斥甚至打骂孩子、要注意帮孩子分析粗心的原因、要给予孩子切实有效的帮助等，假如我们做不到这些，我们也要受到一定的惩罚。

不过，协议的内容不能太多，尤其是不要列出很长的协议条款，只要内容恰当，哪怕只有两三条要求，孩子也一样能按照要求做好，否则孩子会觉得这个协议过于烦琐而不愿意合作。

💡 将协议摆在孩子看得见的地方

一位妈妈和女儿签订了"告别粗心协议"，之后就将协议收起来放进抽屉了。一段时间之后，妈妈发现女儿粗心的毛病没有丝毫改正，忍不住拿出协议来对女儿说："我们签订的协议可不是废纸，你得照做才行啊！"可女儿却疑惑地看着妈妈，然后拿过那张纸看了看，才带着一副恍然大悟的表情说："原来我们还签订过这样的协议啊！我都忘了。"

小学阶段的孩子正好处于从无意注意向有意注意过渡的时期，如果有些东西没有长时间出现在他们的眼前，他们可能很快就会忘记。所以，我们要吸取这位妈妈的教训，要将这份督促孩子告别粗心的协议摆在孩子能看得见的显眼的地方，要么贴在墙上，要么放在孩子的书桌上，孩子只有能经常看见这份协议，才会对其中的内容更加上心。

💡 不要频繁地和孩子签订协议

孩子习惯于反复无常，有的妈妈为了能让孩子彻底改掉粗心，会频繁地要求孩子签订协议。但事实上，有效用的协议只需要签订一份就够了。而且，频繁签订协议也会降低协议的威力与效用，孩子会觉得签协议像是在过家家，是假的，不过是随便说说罢了。

为了使协议起效用，我们应该严格按照协议上所说的去做。如果孩子违反了协议，我们就要真的给予他协议上所标明的惩罚，不可以姑息迁就。

随着孩子粗心毛病的逐渐改正，我们可以适当修订协议条款，比如加上一些奖励。如果孩子在某一次考试或某一次行为中，粗心的错误一点都没犯，那么，他就可以得到一本他想要的书或者吃一顿想吃的饭菜。这样的奖励也会使孩子更乐于按照协议规定去做，他粗心的毛病很可能被彻底改掉。

36 看！这是你的档案
——教孩子建立"粗心档案"

事业成功的人善于反思，他们通过反思总结自己的问题，然后把问题总结成档案，随时翻阅，便于提醒自己，也便于日后注意防范。在学生中也有人这样做，那些优秀的学生会整理自己的错题档案，这样做也具有同样的效果。

既然如此，我们何不帮助孩子整理一个"粗心档案"呢？

> 一位妈妈为了帮孩子改掉粗心的毛病，将他每次因为粗心犯的错误都记录在本子上，时不时拿出来给孩子看。孩子一开始看到这些错误只是不好意思地笑，后来他不再笑了，而是能认真地看与思考，再到后来，他已经可以自己主动提醒妈妈："我在这个地方其实是粗心了，你可以记下来，以后我要注意。"
>
> 妈妈注意到了孩子对这个粗心记录本的态度变化，同时她也发现，孩子已经开始注意那些经常粗心的地方了，做作业的时候会小声提醒自己"我在这里经常粗心"。根据这个变化，妈妈决定把记录本交给孩子自己保管，这个像档案一样的本子，也许真的可以帮助孩子慢慢摆脱粗心。

这位妈妈帮孩子对粗心的问题进行了整理，我们可以称其为

"粗心档案",它可以让孩子清楚地认识到自己之前的粗心经常出现在什么地方、经常出现什么样的粗心,具有一定的警醒作用。孩子通过不时翻看与比较,就会对自己犯过的粗心进行反思、分析,并查找原因提醒自己改正。

建立"粗心档案"是让孩子进行自我检查与自我督促的一种好方法,但这个档案并不是简单的记录本,我们不能只是简单地将粗心的错误记下来就完了,而是要教孩子正确建立并使用这个"粗心档案"。

💡 帮孩子改变对粗心的认识

很多孩子对粗心的认识仅仅停留在"小毛病"这个层次,在他们眼中,粗心不过就是将"b"写成"p",把"6"看成"9"这么"小"的问题,没什么大不了的,不值得建立一个像错题本那样的档案去记录这些。但是,如果孩子一直轻视粗心这个毛病,那么当他养成习惯之后,未来无论做什么工作,他都有可能因为粗心而犯下难以弥补的错误。

所以,我们不妨跟孩子认真地聊一聊与粗心有关的话题,告诉他为什么粗心的"小问题"是未来"大问题"的导火索,给他讲讲粗心导致的无可挽回的悲剧,目的是唤起孩子自主改掉粗心的决心,这样他会更乐于去制作"粗心档案"。

💡 教孩子正确制作"粗心档案"

"粗心档案"的制作也有一定的过程与要求,一份有效的"粗心档案"中，应该包括粗心的行为、原因，该怎样改正，以及改正后要达到的效果。而且，孩子的粗心不仅仅是表现在学习上，我们可以提醒他将自己在生活中因为粗心而出现的问题也记录到档案中去，这会帮他更准确地注意到自己经常在哪些方面粗心大意。

我们也可以帮助孩子把档案按科目分类，让孩子记一下学习数学时经常出现粗心的地方，学习语文时哪些地方又是粗心的"重灾区"，学习英语时粗心常发生在哪里，等等。随着孩子逻辑思维能力的发展，我们就可以引导他对粗心进行分析，帮助他逐渐发现他的粗心都是怎么发生的。同时，档案中还可以记录他已经克服了哪些方面的粗心，或者哪些地方的粗心他已经不再犯了，那就划掉那条记录，让他能通过档案记录看到自己发生的可喜的变化。

另外，"粗心档案"的制作形式不一定拘泥于在本子上记录，我们可以帮孩子将其设计成带有卡通图案的卡片形式，或者制作成电子档案。但要以实用为主，避免过多花纹或设计转移孩子的注意力。

💡 不要将"粗心档案"当成训斥孩子的工具

妈妈督促儿子做了一个"粗心档案"，每次儿子粗心时，妈妈就会拿出这个档案本摔在儿子面前，然后大声训斥道："你看看，你看看，你的'粗心'都攒这么一大本了，你还不知道改吗？怎么又犯？这么不长记性！我看你是改不好了！"

> 儿子委屈极了,他现在恨死这个"粗心档案"了,要不是妈妈逼着,他才不去记录什么粗心的问题呢!

"粗心档案"的建立意在提醒孩子注意问题、发现问题并主动改正问题,这位妈妈却将"粗心档案"变成了训斥孩子的借口与工具,这就不对了。

"粗心档案"的存在,其实对很多孩子来说已经是个"令人不好意思"的存在了,因为孩子对自己的错误会有羞耻心,那我们就不要频繁"揭伤疤"了。提醒他记录粗心问题之后,我们也要提醒他去关注、思考,可以和他一起分析为什么粗心、怎么避免粗心,从更实际的角度来让这个档案真正发挥作用。这样其实也能让我们避免一看到错误就"急火攻心",当我们的注意力偏向于"借助档案解决问题"时,我们就能避免把它当发泄工具了。

37 这是你自己的责任
——适时让孩子承担"自然后果"

我们总是比孩子更关心他的粗心问题,当孩子粗心时,有的妈妈非常焦虑,会立刻给孩子指出粗心的地方,然后给孩子一通说教，最后以"以后必须要记住"为结尾，每次孩子粗心时妈妈都是如此处理。

但我们这一番带有焦虑的操作，真的能让孩子记住吗？事实并不如我们所愿，经常被妈妈指出错误、经常由妈妈提醒的孩子，会对妈妈产生依赖心理，即便他可能知道粗心是不对的，也不会主动去关注，即他的意识和行为不同步。

造成这个结果的原因就是我们替孩子承担起了粗心的责任，我们过度的关注、反复的提醒，让孩子意识到："我即便粗心了，也会有妈妈帮我想着并督促我。"对于不用自己承担的责任，孩子自然也不可能上心。

所以，有时候也要让孩子自己去感受一下粗心带来的后果，合适条件下的"自然后果"，会给孩子带去深刻的印象，说不定就能让他主动关注粗心并主动改正。

我们先做好责任的交接转换

我们之所以对孩子的粗心比较敏感，是因为我们内心把督促孩子解决粗心问题当成了自己的责任，而没有给孩子自己承担责任的机会。

所以，我们要做到"责任明晰"，要逐渐认识到粗心是需要孩子自己去主动解决的问题，我们自己内心先要做好粗心责任的交接转换。简单说，就是我们自己先要想清楚：到底是谁出现了粗心问题？粗心影响的是谁未来的学习与生活？粗心主要要依靠谁来解决？谁能帮助孩子避免粗心？粗心的责任到底该由谁来承担？这些问题的答案显然都应该是"孩子"。

有的妈妈可能会说孩子还小、孩子自己记不住，但是这些都不是理由，责任明晰是解决很多问题的一个基本条件，我们自己先要明确责任，知道孩子需要担负什么责任。我们越早开始培养孩子的责任心，越容易让孩子具备自我负责的意识。

💡 选择典型的粗心问题让孩子承担后果

粗心的后果有轻有重，有些后果非常严重，比如新闻中就报道过有个孩子因为粗心未关闭煤气灶而导致家中火灾，造成严重的经济损失。类似于这样的粗心问题，孩子自己显然无力承担这样的后果，他也一定会受到教育，但我们却不能从让他承担"自然后果"这个角度来教育他，因为这件事可能会成为他内心深处一个巨大阴影。

我们要选择更合适的粗心问题来让孩子承担"自然后果"，这个问题要能引起孩子的重视，也就是这一次的粗心会让他经历一定的失败，这个失败会让他错失一些东西，但不至于让他一蹶不振。比如，孩子因为粗心少写了作业，被老师扣了分；考试时因为粗心丢了分；自己粗心忘记带老师要求带的东西，被老师点名批评；等等。

当孩子回来抱怨时，我们可以很平静地提醒他："这些事都是你自己的事，不是妈妈的事，所以，出了问题你需要自己承担责任，而不是来抱怨我"。

💡 不要盲目放弃我们所有的责任

有的妈妈本来会替孩子承担粗心责任，但一说要让孩子承担"自然后果"，就干脆什么都不做了，对孩子不管不顾，让孩子瞬间有了"断崖式的体验"，这种在熟悉的生活模式中的突然改变，会让孩子产生恐慌，反而并不利于培养孩子对自身问题的关注。

我们要做的是把孩子该担负的"担子"交还给他，但该是我们的责任我们还是要承担的。比如，孩子自己承担了粗心的后果，那么理解他的情绪、帮助他缓解由此带来的紧张与焦虑、引导他思考粗心问题的重要性，以及与他一起讨论解决粗心的办法，都是我们应该做的事。

也就是说，我们要慢慢做到责任明晰，该是孩子的责任不要替他承担，该是我们的责任我们也要好好负责。要想彻底解决孩子粗心的问题，我们应该和孩子一起努力。

38 每一步都要认真
——学习锦囊一：从预习到复习始终如一

事实上，孩子大部分的粗心都出现在学习的过程中，可以说，学习就是解决孩子粗心问题的"主战场"。从这一小节开始，我们会得到三个学习"锦囊"，它们基本包括了孩子学习的大部分内容，希望你可以从这些锦囊中得到解决孩子粗心问题的妙计或启发。

第一个学习锦囊，与孩子学习的基本过程相关。

一般来说，孩子学习的基本过程都可以被总结为预习、学习、复习这三步。预习，就是对即将要学习的内容提前进行了解；学习，就是真正接触要学习的知识，理解重点、难点，通过练习掌握知识；复习，则是重复已经学习过的知识，在重复的过程中补充更多细节，加深对重点、难点的记忆，通过更多的练习来彻底掌握知识。

显然这个过程中的每一步都需要认真对待，如果孩子从最初的预习到学习，再到最后的复习，都能认真对待，在这整个过程中，在各个细节问题上，都不会因为粗心而犯错，那么一旦养成良好习惯，他大概率就能远离粗心这个问题了。

所以第一个学习锦囊，就是要让孩子认真对待学习过程的每一步。

带着探求未知的心思去预习

预习本就是对新知识的一个初步了解，有的孩子在预习时不认真，是因为他觉得反正老师上课还要讲，但实际上，预习会让孩子对很多新知识产生第一印象，而且人们对第一印象的记忆往往会非常深刻。如果预习时不认真看，甚至因为粗心而看错了某些内容，那么孩子的第一印象就是错的，哪怕后面意识到了也很难纠正过来。

所以，我们要教孩子学会如何预习，有时候老师也会给孩子设定预习的目标。

> 某小学三年级的一位语文老师曾经要求学生，每次学习新内容前要完成以下预习目标：
>
> **识字关**：1.认读画双横线的字以及田字格里面的生字；2.给田字格里面的生字加拼音、写笔顺；3.查字典，给田字格里的生字每字组2个课外的词语，写在书上。
>
> **阅读关**：1.给自然段标号；2.课文读熟练，至少读3～5遍；3.圈出三个好词，并查字典将词语释义写在书上；4.至少标出2～3个好句；5.不懂的地方做好标记。
>
> **拓展关**：了解一下作者的背景、课文的写作背景等。

当老师设定了这样的预习目标之后，我们就完全可以直接拿来用，督促孩子每天按照老师的要求去认真做，帮助他掌握不熟练的技能，比如查字典，我们可以在家帮助他复习老师教过的查字典的方法，直到他熟练掌握。当然，我们也可以参考老师的这些预习内容，明确预习应该从哪些角度、内容入手，提醒孩子自己去找到预习的重点。

不过，不论是按照老师提的要求还是我们帮助孩子找到的方法，认真仔细都是必需的，孩子预习完之后大脑里要有这些知识内容的初步印象，而且还要保证不记错。

💡 抓住每一个细节，保证学习内容的完整

在整个学习过程中，学习这一步是最重要的步骤，关系到孩子是不是能真的理解知识、学会运用知识解决问题。

一般来说，孩子学习的途径包括上课和自学两种。

我们应提醒孩子上课时跟着老师的节奏走，眼睛、耳朵、思想都要"跟着老师走"，简单来说就是听老师的话，按照老师的要求去记录、去思考；有问题先记下来，待课后再去探究或询问老师。

自学时，孩子也要和上课一样，按照预习时整理的学习重点，一点点阅读、思考，有问题的地方标出来，感觉是重点、难点的地方做好特殊标记，再通过查询其他资料或者询问老师来解决所有问题。

💡 不放过复习这个查漏补缺的好机会

作为学习"三步走"的最后一步，复习可以说是最考验孩子细心程度的一步，因为孩子如果能在复习时认真细心、不马虎，那么他在预习和学习过程中出现的遗漏、错误、疑问，基本上都可以在这一阶段得到解决，从而实现学习目标。

但相比预习和学习，复习需要孩子把已经学过的内容重温一遍，有的孩子对此会感到无聊，很多内容他会一带而过，因此复

习也是孩子很容易出现粗心、错过重要内容的一步。所以，我们要让孩子理解复习的重要性和意义，让他能带着"我要学会知识并去运用知识"的心理去复习，端正他的学习态度。之后，我们还要教他如何查漏补缺，怎么去注意细节，如何找到之前学习过程中遗留的、未解决的问题，并将其彻底解决。

39 作业有进步吗？
——学习锦囊二：作业是克服粗心的训练场

第二个学习锦囊，与孩子的作业相关。

作业，可能是让很多孩子感到头疼的一项任务，同时也是让很多妈妈感到烦躁、让很多老师觉得不那么好应对的一项任务。

对孩子来说，"为什么要做作业"是他最疑惑的问题，"不想做作业"是他每次面对作业时最强烈的感受，"不留作业"是他最希望发生的事情。

对妈妈们来说，"孩子为什么不好好做作业"是她们最疑惑的问题，"孩子能主动做作业"是她们最大的期待，"不用操心孩子作业中的各种问题"则是她们最想要实现的一件事。

对老师来说，"我留的作业太多（难）了吗"是他们经常性自我怀疑的问题，"孩子们都能把作业做完且做正确"是老师们的最大期待,"作业不需要反复讲解"是老师们确认孩子们学会了的最重要的依据。

从作业带来的这些复杂感受来看,孩子能认真做作业是我们和老师最希望看到的,而要实现这一点,孩子必然需要对作业认真对待。实际上,作业恰好就是孩子不断练习对抗粗心的最好训练场。一般来说,老师也会根据作业的完成情况对孩子进行相应的奖励,想要得到那些奖励,孩子就要把作业做对、做好,从作业情况的变化,我们可以很好地看到孩子的认真程度是否有改变。

所以,第二个学习锦囊,就是要孩子认真对待每天的作业,我们可以提醒他注意以下方面。

💡 从记作业开始抱以细心的态度

老师一般都会训练孩子自己记住作业,每天放学或者课后都会在黑板上布置作业内容,要求孩子记录在专门的笔记本上。虽然老师多半都会在班级的家长微信群里再发一遍,以免有孩子遗忘或记错,但我们和孩子最好都不要依赖老师这种"线上告知作业"的方法。

我们可以给孩子准备一个专门记录作业的本子,提醒他在老师布置作业时要快速记下或抄下来,并核对几遍,以确定作业内容的准确性。最开始,孩子可能会经常抄漏、抄错,我们可以和他一起根据老师线上告知的作业内容进行核对。但随着孩子书写得越来越熟练,他对作业的记录便越来越可以依赖他自己,这也是考验他细心的事情。

做作业之前最好认真复习

今天的作业要求完成哪部分的内容？这些内容涉及当天或者这学期讲到的什么内容？这些是孩子在动笔写作业之前要思考的问题，而要解答这些问题，就要去复习与作业内容相关的知识内容。

这个步骤最好不要省略，有的孩子会着急完成作业，看到老师布置的作业直接就开始写，但是，经过一天的时间，孩子晚上写作业时对当天课程内容的记忆其实已经没有那么深刻或者准确了，这就很容易出现粗心的问题。所以，在写作业之前认真复习，也是保证孩子不会在作业中出现粗心问题的有效方法。

调动思考能力全神贯注做作业

一旦经过了复习，开始动笔写作业的时候，孩子就要完全脱离书本，依靠自己的记忆、思考能力来完成所有的作业。显然只有复习的时候记忆准确，做题的时候思考正确，他才可能把题目做对，而做对题目才能实现对知识的彻底掌握。

同时，最能体现孩子作业是否认真的一个表现，就是他是否书写认真，潦草书写的作业中出现粗心错误的概率显然更高，而认真书写的作业，即便有错误也能一目了然，方便及时更正。

另外，在写作业过程中，我们需要提醒孩子记得使用草稿纸，草稿纸可以堪称"提升做题准确率、减少粗心错误"的一大法宝。

很多孩子都没有动笔的习惯，尤其是一、二年级时孩子往往没有书面作业，有的老师也更强调口算、背诵记忆，这就使得很多孩子养成了只靠大脑想而不爱动笔的习惯。然而进入三年级之后，孩子所学的知识越来越复杂，很多问题已经不可能只靠大脑就能解决了，所以，我们要帮助他养成正确使用草稿纸的习惯。

💡 写完作业后不要忘记及时检查

作业写完就完了吗？当然不是，写完作业后的检查也同样是这个训练场上不可或缺的一项练习。我们要提醒孩子把写完的作业与笔记本上记录的作业内容相对照，看看自己有没有做错或少做；还要提醒他把作业内容与草稿纸上的内容进行对照，看看自己有没有写错、算错、抄错，有些计算题可能还需要他在草稿纸上再验算一遍，以确保正确。

孩子需要从作业的第一道题开始检查，要有耐心，不能草草看一眼就算了，一定要认真去做才有意义。

40 考试时细心点
——学习锦囊三：每一次考试都是一次检验

第三个学习锦囊涉及的内容，可以说最能检验孩子是不是真的粗心、是不是真的改正了粗心，这就是考试。对孩子来说，每一次考试，都可以被看成对他细心程度的一次检验。

很多孩子都不喜欢考试，考试的紧张氛围、不会做或者拿不准的题目，都会让孩子感到不好应对。一般考试内容会包括基础题和拔高题，对绝大多数孩子来说，只要能保证基础题都做对，就能拿到不错的成绩。而孩子在基础题上丢分，要么是不会，要么是粗心，事实上很多孩子都会因为粗心而丢分。等到考试成绩出来，看着试卷，一定会有不少孩子说："如果我再认真细心一点就好了。"

与其结果出来再后悔，不如在每一次的检验过程中真的做到认真细心。所以，第三个学习锦囊，就是要让孩子专注认真地对待每一次考试，具体可以这样做。

从考前复习开始关注细节

要应对考试，孩子必然要进行复习，与之前学习过程中的复习不同的是，考试前的复习面更广、内容更多，孩子复习时只有做到面面俱到，才能保证在考试中万无一失。

如果时间充裕，孩子在考试前最好把要考的内容从头到尾都看一遍，需要重点记忆的内容要反复记忆；已经忘记的内容，要在最短的时间里回忆学习的过程，重新记住；长时间都记混、记错的内容，要趁此机会赶紧纠正；经常出错的地方，要多练习几遍或者多记忆几遍；依然不会不懂的地方，要请教老师或其他同学，赶紧弄懂。

如果时间不够充裕，那就认真记忆老师提到的重点、难点，把之前经常错的题目好好看看，总结一下经常犯的错误，给自己"打好预防针"。

考试过程中认真对待每一道题

考试过程中，从写名字开始，孩子就应该认真起来了，有的孩子甚至连自己的名字都能写错位置或写错字，还有的孩子干脆就忘记写名字，这些同样会影响考试成绩。

我们要提醒孩子在答题时要认真阅读题目的所有要求，不要凭着自己的理解或者以往的经验去判断这道题应该怎么做。比如，孩子答题时有很多题目都选择了"正确选项"，而题目要求的却是"选择错误选项"。如果不认真读题，盲目动笔，就势必会出现"会却做错"的情况。

涉及拼音、笔画、计算、计数等知识点的题目时，孩子应该格外认真细心，这些都是基础性题目，只有认真细心才可能拿到这些分数，一点马虎都可能会导致失分。有的孩子可能觉得，这种基础题错1道题才扣1分，无关紧要，可是如果频繁在这种题目上出错，很多个1分累加起来，就是不少的分数了。

另外，我们还要提醒孩子，一定要用草稿纸，尤其是在数学考试中，不能只是靠大脑想。草稿纸上的演算最好也按照一定顺序来写，不要随便乱写，可以按照题目顺序一个一个地写下去，这样检查的时候也可以与题目对号入座，提高检查效率。

💡 考试要养成检查的良好习惯

考试过程中的检查有两种方式：

一种是边做边检查，也就是每做完一道题，立刻返回去检查，除了那些不会的、拿不准的题目，尽量保证其他所有的题目都做了并且都做对了。这种检查方式有即时性，可以避免漏题、错题，经过检查而把题目做对或者改对会给人带来足够的信心。

另一种则是先集中精力做题，把所有题目做完之后，利用剩下的时间专注于检查，这种检查方法给了大脑一定的调节时间。做完后面的题再去重新看前面的题，有些当时想不起来的、做错的题目可能因为大脑进入全新一轮的思考而想起来、改正过来了。

但不论哪一种方式，孩子都一定要养成检查的良好习惯，不要写完就干坐着等交卷，我们可以鼓励孩子将平时写作业时的检查习惯贯彻到考试中来。

此外，如果最终考试时间所剩无几，也可以教孩子检查一些必要的内容，比如姓名有没有写上或写对、所有题目是不是都填上答案了、竖式计算中的余数有没有写到答案的位置、连线题是否有遗漏的线没连等，尽量减少在这些地方丢分的可能。

第六章

有条不紊的生活，
给你无尽的好处！

——尽早教孩子有计划地做事

孩子在生活中的混乱会给他带来很多坏习惯，其中就包括粗心，所以，我们若想尽快并彻底解决孩子的粗心问题，就不能只在学习这一个领域去努力，而应该从生活中入手。对粗心来说，有条不紊的生活就是它的天敌，孩子若能有计划地做事，粗心自然无处遁形。

41 我们家其实挺有条理的
——给孩子呈现井然有序的生活环境

混乱的环境必然培养不出条理有序的好习惯，而混乱的环境也的确是"孕育"粗心的最好的温床。想象一下，如果我们自己歪躺在沙发上，抱枕、毯子乱堆在脚下或身后，茶几上满是果皮、果核、废纸、空包装袋，房间里笔和纸随处可见，手机和充电线乱成一团……在这们的环境下，无论你对孩子喊多少次"你要认真仔细"，都是毫无意义的。孩子面对这样混乱的生活环境，会养成丢三落四、马马虎虎的坏习惯，或者说他会表现得和你极为相似。

相反，如果你把家里收拾得井井有条，生活垃圾也能做到随时收拾，不会因为粗心大意而乱扔橘子皮、瓜子壳、废纸团，那么孩子生活在这样的环境中，也会习惯于井然有序的环境，并在耳濡目染下养成有条理的好习惯。

经常让孩子看到并感受有条理的生活

有条理的生活会给孩子带去与杂乱的生活完全不同的感受。

> 有位妈妈对孩子的粗心苦恼不已。有一次她收拾干净了一直杂乱的茶几，在孩子的亲眼见证下，清理掉各种垃圾和不需要的物品，把有用的物品收拾到提前安排好的地方，很快茶几上就只剩下了必要的几样小东西。
>
> 在一旁一直默默看着的孩子，忽然说了一句："好干净啊！"妈妈听到后突然有了很好的想法，便趁机说："对啊，收拾干净就能一目了然，找东西也方便，也就不会再马虎出错了。"孩子竟然意外地没有反感妈妈又说马虎这件事，而是认同地点了点头。

条理有序会带给人一种和谐感，令人心情舒畅，而正常的人都会愿意维系这种和谐，因此也就会不知不觉地提醒自己，尽量避免出现粗心马虎、破坏和谐的做法。

所以，我们如果也能经常向孩子展示家中和谐、有条理的生活，便很有可能会激活孩子对这种美好的追求，促使他主动控制自己不去马虎。当然，这种心理上的变化并不是在所有孩子身上都会出现的，但不能否认的是，有条理的生活会给我们带来好处，所以，你不妨也试一试。

和孩子一起构建有条理的生活氛围

除了看到、感受到有条理的生活带来的愉悦感，孩子还要有自己创造条理生活的经历，这样他才能真切体会到有条理的生活给他带来的清晰感受。也就是要让孩子有"我也可以有条理"的真实体验和记忆，这样他对条理性才能有更深切的体会。

要实现这一点，我们可以和孩子一起行动。如果是本就很有条理的家庭，我们可以更快速地教会孩子整理物品、房间，掌握快速有序做事的过程；如果是不那么有条理的家庭，那么我们不妨和孩子一起练习，对我们而言是为了改正习惯，而对孩子而言则是要培养好习惯。

比如，可以和孩子来一次整理比赛，我们整理客厅，让孩子整理自己的房间或学习空间，看谁最终收拾得干净整齐而又合理。所谓合理，不是把东西杂乱地塞进柜子关上柜门就可以了，而是要能实现拿取方便、放回方便，这才是培养认真严谨的生活态度的正确原则。而且，我们要坚定这个原则，认真养成好习惯，不需要过多催促。只要我们能做到，那么孩子自然也会受到感染。

💡 把井然有序的生活一直延续下去

我们自己实现从没有条理到有条理的转变，是对自我成长的完善，而不只是单纯为了帮助孩子改掉粗心的毛病。有的妈妈只想着要培养孩子的好习惯，在孩子面前就表现得有条理一些，一旦孩子看不见了，就又回到原本杂乱的状态，这是不对的。

我们如果能改变过去的杂乱，坚持井然有序，其实也相当于给了孩子一种改变的动力，他会意识到："妈妈在这个年纪都能做到改变，我也可以，我要向妈妈看齐。"大部分孩子都会有这样的意识。

所以，我们的榜样作用不能只是一时的，要从更长远的角度去考虑，这种向好的改变，会给我们自己带来更多的益处，生活、工作都将因为井井有条而得到更好的回报。当然，孩子粗心的问题也会因为我们井然有序的习惯而得到更好的解决。

42 请遵守家里的规矩
——让孩子慢慢习惯有条不紊的生活

对一个家庭来说，孩子属于"后来者"。就像是排队，前面的队伍怎么排、在哪里拐弯、在什么时候做什么事，后面加入队伍的人除特殊情况外都会跟着照做。

在孩子到来之前，我们的家中应该具备或者开始建立一些全家达成共识的规矩，比如保持整洁、及时整理、"动物归原"。当孩子出生之后，我们理应教导这个"后来者"理解这些规矩存在的意义，并引导孩子也跟着全家人一起遵守规矩。

所以，如果我们没有孩子时在生活中就表现得井井有条，那么有了孩子之后我们也应该引导孩子意识到井井有条是必要且重要的。不论做什么都井井有条，才可能保证不出问题。只要孩子做到条理有序，就能有很大概率避免粗心。

💡 坚定维护和坚持已有规矩

家里有些规矩可以延续很长时间，换用大家熟知的一种表述，它们可以被看成家风的具体表现。有些家庭为什么能长时间保持和谐、稳定，为什么家族里可以出现很多有德行、有才能的人，就是因为家中保持了良好的家风，且家中绝大部分人甚至全家人都能很好地遵守家风并把它传承下去。

所以，对于家里那些已经延续了很久，尤其是那些从我们小时候就开始延续的，一直以来都很有效的好规矩，我们就要坚定地维护和遵守，这其实也意味着我们在为孩子创造良好的教育环境。

比如，"动物归原"就是一个很好的规矩，即用完东西就要放回原处；有了垃圾就要立刻把垃圾清理到垃圾桶或袋子里。我们除了在孩子面前认真遵守这些规矩，还要提醒孩子，并教孩子把玩过的玩具、看过的书、用过的文具放回原处；废纸、玩具的包装袋等，要及时清理到垃圾箱，不能随手乱丢。

💡 不给孩子特殊照顾

有很多家庭对孩子会有"特殊照顾"，成年人需要遵守的规矩，孩子就不用。比如成年人不能"出口成脏"，否则就是德行有亏，但孩子随口骂人却只是"童言无忌"；又比如成年人如果因为粗心出了问题，就会被说"这么大的人了一点也不靠谱"，可孩子粗心了，却只会说一句"小孩子粗心是常事，长大了再注意就好了"。

有规矩的家庭却偏偏有不守规矩的孩子，这其实并不是对孩子的特殊照顾，反而会让他对规矩不再有尊重之心，从而导致无论什么规矩都不会对他产生效果。就拿粗心来说，就算你反复说"以后要注意"，他也将完全不在意。所以，不要给孩子任何特殊照顾，如果你自己严谨细心，那么孩子也必然要跟着你遵守这个规矩，即便他不习惯，也要让他克服不习惯而变得习惯起来。

这时，我们不妨引入奖惩制度，孩子如果开始养成好习惯，就会得到相应的奖励，无论是物质上的奖励还是鼓励、拥抱、夸奖等精神上的奖励，都会让他愿意坚持下去；如果孩子违背了好的习惯和规则，屡次触碰规则底线，我们可以予以批评、指责，甚至一些实质性的惩罚措施，目的是让他意识到有些规则是不能违背的，帮他在内心画好原则底线。

适时调整家里的各种规矩

当孩子出生后，一对夫妻的家庭构成就发生了变化，不只是有两个理智的、彼此可以沟通交流的成年人，还有一个或者多个暂时沟通困难的孩子，这时我们已有的那些规矩可能也需要调整。

根据自己家庭的情况，我们可以看看在有了孩子之后，家里关于严谨细心的规矩是否还适用于当下的环境。比如，原本我们都有很好的"动物归原"的习惯，但孩子年龄小、能力弱，不能把所有用过的东西都放回原位，那么我们就要针对孩子的特点，调整对他的要求，让他一点一点地适应。

43 凡事预则立，不预则废
——教孩子学会做计划

计划，是在行动之前制订的行事安排。计划开始于行动之前，是对未来的行动进行安排，相当于在人的头脑中列出了行动步骤，一步一步执行下去，事情才能大概率按照预期发生。由此可见，计划其实可以避免出现因为盲目行事而导致的粗心。

很多孩子缺少计划性，他们要么是过于"随心所欲"，要么是对计划没有明确认知，总之，做事总是"想做就做"且"东一榔头西一棒子"，那么他们成功的可能性就会大大减小，甚至不可能成功。

不仅如此，没有计划性的孩子更容易走神，有的事情做了一半就不做了，或者虎头蛇尾，草草了事，这无疑增加了粗心问题出现的概率。

所以，要想培养孩子的条理性，就要教他学会事先做计划。

让孩子体验事先计划所带来的便利

大部分孩子都是借助实际经历来体验世界的，就像他们小时候经历的口欲期，一定要把大部分能拿到手的东西放在嘴里尝一尝，才能认识周遭的世界。所以，我们不能认为只对孩子说"这样做是对的"就可以了，他只有知道"这样做"是什么感觉，才能体会到它为什么"对"。

所以，我们可以当着孩子的面制订某个计划，如果是与孩子有关的计划就更好了，比如，周末要出去玩一趟，让他看到我们思考的全过程，把计划说出来或者写出来，反复强调几遍，给孩子讲讲为什么要这样考虑计划中的每一步。之后，到了出门的那一天，我们的每一步都按照计划来进行，可以不时跟孩子提一句："你看，我们按照计划来是不是节省了时间？""幸亏有计划吧，不然我们就要走冤枉路了。""还好提前计划了，我们带全了东西。"通过这样的亲身体验，孩子多半都会意识到"事先计划"是一件值得做的事，那么，接下来我们再教他如何制订计划就会顺利许多。

给孩子讲清楚制订计划的要点

孩子需要知道如何设计一个计划、每一步应该怎么制订才合适。我们可以给他讲清楚以下这些内容：

第一，计划的对象是什么。一件具体的事或者一项具体的活动都可以是制订计划的对象，孩子所制订的计划都是围绕这件事或者这项活动开展的，所以，他要明确计划的对象。

第二，计划预计要达到怎样的结果。这能帮孩子确定计划的时长与内容安排。

第三，自己的能力如何。这一点将关系到计划的完成时间，如果能力强，可以把计划制订得紧凑一些，这样就可以尽早完成任务；如果能力一般，可以将计划制订得轻松一些，这样就能轻松地完成任务。

第四，计划是否可执行。孩子要衡量计划的每一步，并确定这个计划的可行性。这会让孩子对计划更有"实际感觉"，而不只是"纸上谈兵"。

根据孩子的性格特点，我们把这些内容用他能听得懂的语言表述出来，可以用一件事来作假设，让他试一试给这件事制订个计划，看看计划的每一步应该怎么设计，让他熟悉制订计划的流程和内容。

同时，也要提醒孩子，制订计划的过程本身也是要细心的。如何制订计划才能最大限度地把所有事情都考虑到，不丢掉那些重要的内容，这些都需要他认真考虑，所以，制订计划的过程其实也是培养他细心的过程。

💡 鼓励孩子根据实际情况自主制订计划

不同事情需要不同计划，孩子制订计划时要根据实际情况来思考和决定。比如，考试前的复习计划，时间长短不同，所制订的计划的复杂与细致程度也不同；又比如，临时出现的事情，或意料之外的事情，为它们制订的计划就要简单且易操作。

我们要提醒孩子，不是所有计划都会给他很充足的时间，但也不是所有事情的计划都那么复杂，他要灵活思考和决定。但不论怎样的计划，都应该让他自己去思考和制订，妈妈只能起到辅助作用，他的所有计划都要有他自己的参与，这样他才有锻炼的机会，才可能意识到怎样做是细心的、怎样安排可以避免粗心。

44 要坚决执行计划
——鼓励孩子按照计划做事

计划制订出来不是为了摆着看的，计划只有被执行才能发挥作用，经过执行的计划才有实际意义。但在有些孩子看来，制订计划和执行计划是两码事，制订计划是"完成妈妈布置的一个任务"，执行计划却会因为各种原因而进行不下去。

> 眼看还有一个月就要考试了，妈妈提醒孩子制订一个复习计划，孩子很痛快地采纳了妈妈的建议，做出了一个安排得满满当当的计划表，妈妈看了计划表觉得很满意。
>
> 可是她很快发现，孩子并没有按照计划表去做，学习时也

并不太专心,写作业和日常测试中总是粗心不断。妈妈就问孩子:"你不是有计划吗?按照计划做了吗?"孩子回答说:"我觉得计划好麻烦,反正只要复习就行了呗!"

妈妈一下子明白了,孩子的那个计划只是做给她看的,反复催促无果之后,妈妈决定让孩子自己承担"自然后果"。最后孩子果然因为复习不全而在考试中吃了大亏,他忍不住对妈妈说:"现在我知道了,如果当初我按照计划做,我其实是可以考好的。"

说实话,不是所有计划都能给孩子弥补的机会的,有的计划如果不认真执行,造成的后果可能再也弥补不回来。比如中考,对孩子而言机会只有一次,如果因为不认真执行计划而没有考出理想的成绩,结果会导致他与好学校失之交臂,甚至影响到以后的人生路。所以,我们除了要教孩子制订计划,还要提醒他坚决执行计划。

让孩子真正体会到按照计划去做会得到怎样的有利结果,也许会让他意识到计划的重要性,从而在之后的更多事情上,选择按计划行事。

💡 鼓励孩子主动去执行计划

面对不愿意执行计划、想不起来执行计划的孩子,有的妈妈选择催促、逼迫甚至监视来强制他执行计划。这会让孩子不能全神贯注,他总会拿出一部分心思去"对抗"妈妈的强迫,也会因此感到不开心,这并不利于计划的执行。

正确的做法是给孩子足够的鼓励,比如,"我希望能在这个计划结束后看到一个不一样的你""我已经迫不及待想要看你30天后的变化了""你就像一只茧中的毛毛虫,会蜕变成一只什么样的小蝴蝶呢?我好期待"……这些都是正向的表达,会带给孩子希望,也能让他对计划产生好感。

指导孩子根据计划一步步落实

掌握了制订计划的步骤和要点,孩子所拥有的计划应该都具有了可执行性,都是他在能力范围内、一定时间里可以做到的事情。

据此,我们就要消除孩子对执行计划的担忧,比如,"我能完成吗?""这个时间好漫长啊!"我们要引导他根据计划,一步一步向前走。同时,还要提醒孩子对每一步计划都要认真对待,而不是得过且过,这样他计划的每一步都能被落实,他的计划才是真正有效的。

> 有位妈妈就孩子做数学口算练习的计划,这样鼓励他:"不要看计划这么长,其实每天要做的事情一点都不多。我们也可以做个计算,每天做10道题,30天你能做多少道题呢?300道题。重点是,你一定要开始做。现在你完全可以开始做今天的10道题,明天的明天再说,以后的以后再说,还没发生的事情我们不去想,但只要你坚持每天做完每天的任务,你的计划最终就能完成,你也能得到你想要的结果。"

其实，当孩子意识到计划一步步向前走就像饭要一口口吃一样，只要不间断，他总能做完，也总能吃饱，那么计划对他而言就不再是不可完成的任务。

💡 提醒孩子计划可以合理变动

我们总说"计划赶不上变化"，在实际生活中，这话的确没错，毕竟谁也不确定明天会发生什么事。所以，当孩子遇到与他的计划相冲突的突发事件时，完全可以临时改变一下计划，并不需要废掉这个计划。

也就是说，孩子既要坚决执行计划，也要灵活应对，他可以一开始就在计划中留出一些机动时间，也可以根据突发事件的紧急程度对计划进行适当的调整。但计划的目标是不能变的，该做的事情一样都不能少。

45 规律不以人的意志为转移
—— 教孩子务必遵守客观规律

一般来说，事情的发展都会遵循一定的客观规律，也就是自然规律。从某种角度来说，规律给我们画出了做一件事的路线图，每一步怎么走都已经被安排好了。按照规律做好每一步，我们最终应该都能做好事情，该注意的细节不会轻易漏掉，该防范的错误也不会被忽视。

但按照规律做事是需要时间的，好比种下的种子不可能立刻开花结果，必然需要经历一定的时间才能"成材"。而这一点可能会让习惯了随心所欲的孩子感觉不适应，他会迫切想要打破规律，从而出现拔苗助长、偷工减料或者肆意妄为的情况，但是客观规律是自然对我们的约束，违背规律迟早会出问题的。所以，教孩子尊重规律、按照规律去做事很有必要。

先让孩子了解什么是客观规律

客观规律并不以人的意志为转移，是事物运动过程中固有的、本质的、必然的、稳定的联系，它独立于意识之外。

我们可以利用生活中一些常见的例子来给孩子把客观规律的概念讲清楚。比如，太阳东升西落就是客观规律，某些植物向阳生长也是客观规律，包括人在内的生物都有其自身的生长规律，等等。也就是说，大自然运行的法则就是客观规律。

我们还要告诉孩子，客观规律不会轻易被改变，所以，他不能一厢情愿地想要打破规律。只有遵照客观规律去做事，才会更顺利地完成某件事，忽略了任何一步都有可能造成事件完成条件的缺失，从而出现失误。

另外，孩子也应该明白，不断学习也是他成长过程中的一个客观规律，无论是书本知识还是生活技能，他都不能错过，也不能想着糊弄了事,谨慎认真才是完成学习的最佳态度。

💡 引导孩子多从自己身上寻找问题

有时候,孩子即使按照客观规律去做事,也没有取得很好的结果,这时他就会认为是客观规律出了问题,致使他不再按照客观规律去做。客观规律都经历过时间和事件的验证,在方向上并不会存在什么错误,更多时候应该是孩子自身的问题。

这时,我们需要引导孩子多从自己身上找原因,我们可以问问孩子对客观规律了解多少、是不是认识得很透彻。有时候,如果孩子对客观规律认识不足,或者认识出现错误,也同样会出现问题。同时,还要引导他看看自己是不是做错了哪一步或者漏掉了哪一步。

💡 提醒孩子在遵循客观规律的前提下进行创新

说到按照客观规律办事,有的孩子会表现得非常死板,他只是按照客观规律做事,一点也不会变通。其实,规律只是做事必须遵循的基本原则,孩子还需要考虑怎样做才能达到更好的效果。也就是说,孩子需要动脑筋去思考,看看有没有更简便或者更合适的行事方法、有没有比较巧妙的表现手法等。

就拿一株植物来说,一般的生长顺序都是生根、发芽、抽枝、长叶、开花、结果。虽然这个生长顺序是不变的,但我们可以通过细心照料、适度施肥使其生长得更快,或者通过其他技术使它更快结出果实。这就是在遵循客观规律的前提下进行的创新,将使我们得到更好的结果。

所以,我们要提醒孩子,在做一件事时,不要"坐等"事情自行发展,要主动发力,做好自己该做的事。

46 重要的事情要先做
——教孩子做事要分清轻重缓急

很多时候,孩子的行为都很草率,他们可能会急于开始做一件事,可是他们着急做的那件事,却并不是当下最优先的事项,所以孩子在不知不觉中就把时间浪费掉了,而他真正应该做的、重要的事却没做。那些重要的事往往是老师或父母急需见到结果的事,孩子们又习惯于草草了事,这必然增加了粗心出现的概率。

一位妈妈对此深有体会:

> 我女儿是班里的班干部,她的文笔不错。有一次,班主任老师让她利用周末时间写一篇《红旗下的演讲》的演讲稿,并让她在星期一升旗时发表演讲。女儿回家时兴高采烈地跟我说着她接到的这个任务,我也为她有这样一个在全校同学面前演讲的机会感到高兴。

> 在接下来的两天里,我看见女儿一直在认真地写演讲稿,认真地练习朗诵。虽然我很高兴她认真的态度,但总觉得有哪里不对劲。后来我才意识到,女儿将她所有的时间都用在写演讲稿、练习演讲上面了,一直都没提作业的事情。
>
> 直到星期天晚上睡觉前,女儿才忽然想起来老师留的作业她还没做,语文、数学、英语,好多作业摆在她面前,急得她都快哭了,不得不熬夜写完所有作业。
>
> 虽然女儿第二天早上的演讲还算顺利,可她这次的作业完成得却糟糕透顶,还因此受到了老师的批评。通过这件事,我觉得我需要好好教女儿分清事情的轻重缓急了,演讲固然重要,但完成作业更重要。

案例中的这个孩子,只看到了眼前的一件事却忽略了其他事,分不清轻重缓急,缺乏对时间的合理安排,导致她最终手忙脚乱。可见,哪怕是表现比较好的孩子,也同样会出现不知道什么事重要、什么事先做的情况,这也是大部分孩子身上的一个通病。

美国心理学家斯科特·派克曾经提到关于"时间与效率"的话题,他说:"草率与简洁并不是一回事情,草率是头脑追求肤浅的答案,而简洁是在深入思考的基础上,在区分了事情的轻重缓急之后,直奔主题,三下五除二,准确采取的行动。"[①]

---

① 派克. 少有人走的路4:在焦虑的年代获得精神的成长. 尧俊芳,译. 北京:中华工商联合出版社,2017:39.

显然我们更希望孩子能够真正做到"简洁"做事,而不是表面上的"草率行事"。要做到这一点,孩子就必然要学会做事时分清轻重缓急。我们可以这样来引导孩子。

了解"要事优先"的重要性

现代管理学之父彼得·德鲁克曾指出:"有效管理者明白,自己要做的事很多,而且必须做得有效,因此他们会聚焦,把自己和所在组织的时间与精力聚焦起来,每次只做一件事,而且总是要事优先。……有效管理者会全力以赴去完成当前聚焦的那一项任务。在完成该任务之后,他再对形势作出评估,确定接下来哪一项任务最重要。"[1]虽然他说的是企业管理者应该做到的事情,但实际上,"要事优先"这一点对于包括孩子在内的所有人都有效。

我们需要提醒孩子,重要的事情先做,可以保证他不会出现完不成任务的情况,也能让他有更充足的时间来应对重要的事情,并且还能让他有更多富裕的时间去做其他的事。

那么,关于如何确定优先的那个"要事",彼得·德鲁克也给出了一些法则:"第一,重视将来,而不是重视过去;第二,专注于机会,而不是专注于问题;第三,选择自己的方向,而不是随波逐流;第四,目标高远,做可以带来不同的事,而不是但求

---

[1] 德鲁克. 卓有成效的管理者. 辛弘,译. 北京:机械工业出版社,2022:126,136.

'安全',做容易的事。"[1]

也就是说，孩子需要从让自己不断进步的角度来确定优先的事，要有自己的思考、主见。在这样的原则下正确安排需要优先做的要事，孩子能够迅速成长。

向孩子说明事情能分成哪几类

在很多孩子眼里，事情的类别只有两类：一类是有趣的，另一类是无趣的。有趣的事情孩子就愿意做，无趣的事情孩子可能连手都懒得动。但只凭兴趣来决定要不要做一件事是不合理的，因为未来他可能会遭遇各种事，有些事情他不感兴趣却很重要、很着急，有些事情虽然他感兴趣，却不是他的优先项。

所以，我们要提前告诉孩子，事情一般可以分成以下几类：

第一类，重要且紧迫的事。比如，第二天要考试，孩子就需要在头一天晚上做好充分的准备。

第二类，紧迫但并不重要的事。比如，每天都要按时完成的家庭作业，由于要到第二天才交，所以孩子可以不必分秒必争地去做这件事，但一定要做，而且要引起重视，要认真对待。

第三类，重要但不紧迫的事。比如，提高生活能力，孩子必须要进行生活技能方面的学习，但这种学习不需要一朝一夕就学会，可以在较长的时间里慢慢学习。

---

[1] 德鲁克. 卓有成效的管理者. 辛弘，译. 北京：机械工业出版社，2022：134-135.

第四类，不重要也不紧迫的事。比如，心血来潮的游玩、突然想要买一件新衣服等。如果时间不允许，这些事完全可以先不做。

明白了事情有这样的几种类型之后，我们就可以让孩子学着为他要做的事情分类，使他能合理安排事情的先后顺序，比如上述四类事情的先后顺序就是其分类的顺序，这样提前做好规划，才能将所有要做的事都能圆满做好。

教孩子学会正确给事情归类及权衡做事

有时候孩子对于事情属性的判断很随意，比如，对于"玩"和"学习"，有的孩子就会认为让自己快乐的"玩"是重要的事情，让自己并不快乐的"学习"就是次要的事情。有的孩子不知道该如何对待不重要的事，只要被定义为"不重要"，他就基本选择不做，甚至当这件事不存在。

知道事情有轻重缓急的分类、知道应该认真对待重要的事情还不够，我们还要教孩子给事情正确归类，并教他在合理的时间内认真对待每一件事。

关于归类，我们可以结合前面提到的事情的分类原则，和孩子一起把他想要做的事情一一分类，在这个过程中告诉他为什么这件事是重要的、为什么那件事可以稍后再做，让孩子能对不同事情的性质有切实感受，这能帮助他学会判断事情的属性。

关于做事，我们要提醒孩子，虽然事情不重要，但只要时间和精力都允许，他完全可以把事情做完，这不仅能提升他的做事能力、办事经验，也能让他的生活变得更丰富，于他而言也是很有意义的。不重要的事并不是不需要做的事，而是不用那么着急去做的事，既然已经将一件事安排到了日程之中，就要认真把它做完，这才是严谨的生活态度。

第七章

见微而知著，不要忽略细节啊！
——全面培养孩子细心的好品质

很多时候，孩子的粗心其实与他对细节没有足够重视有很大关系。在不经意间对任何一个小细节的疏忽，都有可能导致最终的失败。大事作于细，细节决定成败。所以，我们要引导孩子重视各种细节问题，全面培养他细心的好品质。

47 "铁钉和王国"的故事
——告诉孩子，细节决定成败

在跟孩子聊"细节决定成败"这个话题时，我们不妨引入那个经典的"铁钉和王国"的故事。

> 1485年，英国国王查理三世与里奇蒙德伯爵之间发生战争，以争夺英国的统治权。马夫在为查理三世的战马钉马掌时，由于手边的钉子不够用，再加上他粗心大意、马马虎虎，导致一只马掌上少钉了一颗铁钉。没想到，战马在战场上奔跑时，少一颗铁钉的那个马掌掉了下来，战马因此摔倒了，而查理三世也被甩了出去。他的军队一看主帅落马，纷纷四散奔逃。落马的查理三世也被对方俘虏了，输掉了这场战争不说，他统治的王朝也宣告覆灭。
>
> 后来，英国民间把这件事编成了歌谣："少了一颗铁钉，掉了一个马掌；掉了一个马掌，失了一匹战马；失了一匹战马，跌了一个国王；跌了一个国王，输了一场战争；输了一场战争，亡了一个王国。"

细节对成败到底有多大的影响？透过故事，我们可以给孩子讲清楚细节在整件事中起到的作用，让他意识到一颗小小的铁钉就可以毁掉一个王国。看似没有关联的两个事物，却形成了因果关系，其中发挥主要作用的，就是那个可能会被所有人都忽略掉的小细节。

结合故事，我们还需要给孩子讲清楚这样一些内容。

每件事都会有各种各样的细节

举个简单的例子，早起出门上学，这件事始于收拾东西，终于走出家门，那么在这件事中都有哪些细节呢？孩子要注意是不是把所有东西都装到书包里了，看看文具、作业、课本以及老师要求的其他东西有没有遗漏的，还要注意红领巾、帽子、水杯、彩笔以及可能用到的雨具有没有带全，出门时则要注意自己穿的鞋是不是与当天的天气、课程安排或者学校活动相适应，等等。

不同事件的细节内容不同，但所有的事件都会有细节，我们要教孩子学会从多方面进行考虑。比如，平时可以提醒他从不同的角度思考一件事，让他提前列出或默念需要注意的事项，在他注意不到的时候及时提醒他，帮助他完善对一件事的各种细节的关注。

💡 要聚焦在与事情有关的细节上

上面提到在出门上学这件事中需要注意的各种细节,有的孩子可能在这一过程中还会注意到其他一些细节,比如他会告诉妈妈他没叠被子或是提醒妈妈拿垃圾出门。虽然这些也是生活中的细节,可就出门上学这件事来说,它们之间没有那么紧密的联系。也就是说,孩子有时候不是不关注细节,而是他关注到的可能是与当下要做的事情无关的细节。

所以,我们要提醒孩子,在做一件事的时候,应该学会聚焦在所做的事情上,他所要关注的内容都应该与事情本身、事情的发展以及事情的最终结果有关,在此之外的细节,不能与他当下要做的事情混为一谈。

💡 多从整体来关注细节

事情的发展都是一步一步向前推进的,只有从整体来看,才能注意到更多与最终结果相关联的细节,通俗来说就是孩子应该具有一定的大局观。

要说清楚这一点,我们不妨结合前面提到的制订计划的内容。计划其实就是从整体上来规划一件事情,计划中的每一步都可能包含很多细节,这更方便孩子寻找与事情相关的细节。告诉孩子,看到或想到什么细节,就要及时予以关注。

48 小事不小
——引导孩子客观看待任何小事

细节总是离不开小事，因为很多细节体现在小事里，有些事情是由很多小事组成的，有些细节又可以被分成更多的小事。那是不是只要关注小事，就意味着关注到了细节，就能把事情做好了呢？

事实并不是这样的。我们来看这样一个例子：

> 孩子拿回来的练习卷上，后面两道大题都空着，妈妈问他："是不会吗？"他摇头说："是没时间做了。"妈妈很奇怪，问他："你很少有做不完的时候，这次是为什么？"
>
> 孩子指了指卷子前面一道画图的题说："我想画得好看一点，这个线段总是画得不好看，大括号画不好，我就一直在画，结果后面的题就没时间做了。"
>
> 妈妈叹了口气说："虽然你注意细节是好事，可也不能对所有的小事都过度关注啊！"

孩子对细节的关注会出现两种极端，一种是完全不在意，另一种是过分在意，这两种态度都存在问题。所以，我们除了要让孩子正确看待细节问题，也不要忘了提醒他客观看待小事。

💡 不忽略任何一件理应关注的小事

众多细节组成一件事，有些小事可能会很烦琐，会让急于求成的孩子不愿意花费时间和精力去做；有些小事可能已经重复了很多遍，会让孩子感到厌倦或过分自信，以至于不认真对待。

只要是应该关注的小事，孩子都应该认真对待，我们需要提醒孩子静下心来，把每一件小事都做完、做好；即便已经做过很多遍，也还是应该认真对待每一遍。

💡 尽早养成良好的生活和学习习惯

事实上，很多小事都是平时顺手就能做完的事情，比如，洗完脸收拾干净洗手台，写完作业收拾干净书桌以及整理好书包，考试前准备好所有考试用具，等等。这些事都不大，但如果能做好，就能避免很多诸如忘记扣好牙膏盖而弄脏了水盆、忘记带作业、考试写到一半笔写不出字等因为粗心而带来的问题。

这些小事，说到底其实都是平时顺手的习惯，也就是说，我们可以从培养孩子良好的日常习惯开始入手，让他养成按部就班、按规矩做事的好习惯。孩子如果能习惯性地做完并做好一些日常小事，他在很多日常事情上就不需要过多花费心思，从而能更专注地应对更多更重要的事。

💡 结合轻重缓急来看待小事

一件小事到底需不需要受到重视？某个细节是否需要重视起

来？要回答这些问题，我们还是要回到这件小事或这个细节所关联的整件事情来看。比如，前面案例中提到的画线段的问题，如果这个线段尽管画得不好看，但只要标注准确就能得分，那么线段画得好不好看就不是重要的细节，可以忽略不计；如果线段画得不好看就会被扣分，那把它画好就是重要的细节。

　　由此来看，我们也可以结合事情的轻重缓急来帮助孩子总结一下与细节相关的内容：可以影响到后续结果的细节，比如老师强调过的、题目格外要求的内容，就需要格外注意；做事要抓重点，比如考试时把卷子答完是重点，他应该先把这件事完成（当然对题目中各种细节的关注也是必需的），然后再在检查的过程中完善各种需要注意的细节，而不能本末倒置；有时一些很急切的事情只要说清楚重点就可以了，比如考试时画思路图，只需用简单的线段或图形就可以解决，不需要比着尺子去精确地画；等等。

49 你自己的事情自己要重视啊！
——教孩子细心对待自己的事

　　不知道妈妈们有没有注意到这样一个怪现象：孩子某天上学忘记带老师要求的签字单，老师提醒的却是妈妈，在家长微信群向老师解释的也是妈妈，孩子回家之后抱怨的同样也是妈妈："妈妈你怎么没给我带上呢?"

这种现象非常普遍,在很多家庭中,妈妈往往是那个最细心的人,她不仅会注意自己应该做的事,还会注意孩子应该做的事。每天早上最忙碌的人是妈妈,她不仅要顾及孩子穿衣、洗漱、吃饭,还要不停提醒孩子一切与上学有关的事,孩子还不一定领情,反而会觉得妈妈的提醒令人烦躁。可一旦孩子真的忘带了什么东西或忘做了什么事情,他一定会回来抱怨妈妈没有提醒他。

这其实是个恶性循环,随着孩子年级的升高,我们"被要求"记住的细节可能会越来越多,而孩子对我们也将越来越依赖,同时也会越来越嫌弃——毕竟,我们记住的细节越多,我们的唠叨也会越多。而孩子在我们这般"细心"的照顾下会表现得更好吗?并不一定,他可能依然粗心,甚至表现得更令人头疼。

那我们为什么不能让孩子自己关注他应该做的事情呢?

上学是孩子自己的事,那么与上学相关的各种事理应也是孩子自己的事,他才是那个应该记住所有细节的人,而不是我们。作为妈妈,我们只是他的辅助"工具",我们可以把自己当成在孩子忘记的时候提醒他一句的"工具人"。

巩固孩子"自己的事情自己做"的习惯

你会给上小学的孩子喂饭吗?
你还在替八九岁的孩子系鞋带、扣扣子吗?

> 你还在为孩子收拾书包吗?
> 你需要提醒孩子每天带什么课本去学校吗?
> ……

对于这些问题,你的回答是什么呢?这些事情的主要执行者,是妈妈还是孩子自己?如果都是妈妈来做,那么你就应该反思一下,自己是不是管得太宽了,这些都是孩子自己的事情,理应由他自己来做。

如果是孩子自己在做,那么我们要做的就是帮他巩固这个好习惯。我们可以有意识地训练他做每件事的熟练程度,比如让他把早起这件事做得又快又好,从而实现他自己做的事情不出错,挑不出细节上的毛病。

💡 提醒孩子把自己的事当成重要的事

所谓细心对待自己的事,就是要求孩子要把自己的事情当成重要的事。比如说玩,几乎所有孩子都会对玩很"精通",因为他会把玩当成重要的事,所以,他自然知道玩什么、怎么玩,知道找谁玩,哪怕不认识的人,他也要想办法融进去玩起来,在玩这方面,孩子真是会把每个细节都考虑到。

也就是说,当孩子能重视自己的那些事时,他自然会对此有更多的考虑,很多细节他也就会主动想到。当然不能否认的是,生活阅历和思考能力可能会让他考虑得不如我们全面,这才是我们发挥作用的时候，我们要引导他看见那些他没注意到的细节，这样他才能在我们的帮助下拓宽关注面，不断完善自己的做事能力。

💡 教孩子拥有更多"自己的事"

孩子在成长的过程中，会把别人帮他做的很多事变成自己的事，最开始他要人帮着穿衣、吃饭、走路，慢慢地他就学会了自己穿衣、吃饭、走路；最开始他只能听人念书、看人写字，后来他会自己念书、自己写字；最开始他需要家人督促学习，后来他就能自己全身心投入……

显然，孩子自己能做到的事情越多，他的处事能力、细心程度越能得到锻炼，所以，我们不妨教孩子拥有更多"自己的事"，比如，教孩子学会做饭，教他掌握更多的劳动技能。当孩子经历的事情越来越多，他越能独当一面，他的责任心也会逐渐建立起来。拥有责任心对于细心的培养也很有帮助。

50 你很细心嘛！
——多给孩子积极的心理暗示

心理学上有一个著名的社会心理效应叫罗森塔尔效应，也叫人际期望效应，指的是人们对他人的殷切希望能戏剧性地收到预期效果的现象。

根据这个效应，如果我们经常对孩子说"你就是这么粗心"，久而久之这个暗示就变成了一种负面期待，孩子会慢慢确信自己就是粗心，从而更加难以改掉这个毛病。相反，如果我们给孩子类似"你很细心"的暗示，也就是给他一个积极正向的期待，他也许就能建立自己能战胜粗心的信心，从而主动变得细心起来。

有位妈妈对此就深有感触：

> 每次看见孩子因为粗心丢分、忘带作业，我就完全压不住火，会训他："你怎么总是这么粗心？"然而每次说完，基本上都没什么用。
>
> 后来有一天，孩子自己装好了老师要求带回的家长签字单，说实话那天我真的把这件事给忘了，他自己说着"我记得老师要收这个单子"，然后仔细地把单子装进了书包里。我当时感觉很开心，他难得自己记住，就随口夸了他一句："今天表现不错啊！一下子就细心了呢，连我都忘了，你居然记得，挺好！"
>
> 没想到，他接下来的几天竟然都没再出现粗心的问题，真是很神奇。后来我想了想，可能是我那天夸他细心带来的效果吧。如果真是这样，那我也要改一改自己的表达方式了。

对于来自妈妈的评价，不论是夸奖还是批评，孩子都很在意，不然也不会有那么多跟妈妈顶嘴的孩子，在妈妈对他说"你怎又犯错了"时，一定会回一句"我没有"。孩子都希望自己在妈妈眼中是值得被夸奖的，同时也希望自己能满足妈妈的期待。既然如此，我们何不给他一些可以实现的期待呢？比如，在培养孩子细心的问题上，我们完全可以把"你总是粗心"这种负面的评价换成"原来你也可以很细心"这样正面的期待。

抓住说"你很细心"的时机

有的妈妈会不分场合地给孩子"你很细心"的正面暗示，比如在看到这一条建议之后就立刻对孩子说一句，但没头没脑的这句话，却并不一定会让孩子从中获得鼓励。

即便是正面暗示，也要抓住合适的时机，比如，在孩子表现出细心之后的一句肯定，就是一个合适的时机。也就是说，我们应该选择在孩子切实表现出细心、感受到细心带来的效果或成果时，趁势向他表达出对他的期待，"你看你也可以很细心""细心以后是不是感觉很不错""只要细心就能有好结果，我没说错吧"……这样的一些期待、评价，源自孩子真实的经历，会让他更愿意接受妈妈提出的"你可以很细心"这样的期待。

根据实际情况来表达暗示

如果经常粗心写错字的孩子在某次作业中没有写错字，你该怎么肯定他的这次细心呢？有的妈妈可能觉得应该夸张一些，会说："你可真细心啊！你也是个细心的孩子啊！这做得多好啊！"

孩子能从中获得鼓励吗？并不一定，尤其是对于已经习惯了粗心状态的孩子，你忽然很夸张地说一句"你可真细心啊"，在他听来可能更像是讽刺，起不到鼓励的作用。

所以，即便是给孩子正面的暗示也要尊重事实，根据孩子当下的实际情况给孩子更为合适的暗示比较好。如果孩子一直粗心，某次却细心了，那么我们可以肯定他："你还是能做到细心的，也不总是粗心。"孩子告诉你："我这次自己检查了一遍，查出来个错误，改正了。"你可以肯定他："这就是细心的表现啊。"孩子说："我已经检查了，改了两个错误，但还是有地方粗心了。"那就告诉他："你自己知道主动检查了，就是你迈向细心的重要一步，以后要继续加油。"

我们根据实际情况给孩子发出的暗示，就像前面所说的那样，孩子有了亲身经历，会看到自己进步的前景，也会更愿意相信妈妈的期待，从而更愿意去回应妈妈的期待。

💡 帮助孩子建立"我可以改变"的自信

给孩子暗示的目的，是让他能够真的行动起来回应这份正向期待，从而有所改变。所以，我们还要通过暗示给孩子带去"我可以改变"的信心。

在孩子偶然一次表现出细心之后，我们除了肯定他"你其实可以做到细心"这一点之外，还可以继续鼓励他："看来你真的成长了，有第一次细心就能有第二次，我很期待看到你一点点改变，一想到你未来会越变越好我就好激动。"

当孩子表现出一次细心之后,又再次出现了粗心,我们可以这样鼓励他:"从粗心到细心不是一步到位的,我看得出来你也是希望自己能细心的,而且你不是会自己主动检查并改错了吗?这一点挺好的,一直加油,我相信你会改变,你也要相信自己。"

51 来,我们一起做一做!
——与孩子合作完成一些"细活"

"妈妈总说我粗心,那怎么做才算细心呢?"这可能是很多孩子都会有的一个疑问。细心是在缜密心思引导下的表现,怎样的表现才算得上细心的表现?什么样的思考才是缜密的思考?这些评价和判断带有主观性,无法仅用语言就能解释清楚。

我们可以试试与孩子合作完成一些"细活",用我们自己的真实表现来给孩子展示"怎么做才算细心"。

在和孩子一起做一件事时,我们可以通过自己的细心来影响孩子,还可以适时提醒他注意一些小细节。这种合作,会充分发挥我们的榜样与指导作用,孩子会更快理解细心的重要性。尤其是当他看到任务因为他的细心而顺利完成时,他会对细心在整个任务完成过程中所起到的重要作用有更为深刻的体会。

儿子想吃茴香馅饺子，妈妈买回茴香后招呼儿子："来，帮妈妈做点事，咱俩一起择菜，这样我们可以更快吃到饺子。"

儿子欣然答应，妈妈却神秘地笑了笑。原来，儿子一直很粗心，细活向来干不好，于是妈妈便想要趁机和他合作一次，让他能体会到细心的重要性。

果然，开始时，儿子择过的茴香不是根没择干净，就是里面夹杂的草叶子、黄叶子没拿掉，他择的那一把茴香不得不返工。妈妈不厌其烦，一遍遍地提醒，一遍遍地教，儿子倒也学得认真。

等到终于将所有茴香都择完了，儿子感慨地说："看来细心太重要了，如果我之前也能认真地择掉草叶、择净菜根，中间我们就不用返工了，可能完成得更快。妈妈，原来择菜这样的小事也需要细心啊！您每天要做那么多家务，真是辛苦啊！"

一次合作换来孩子对细心的重新认知，还让他认识到了妈妈的辛苦，真是一举多得。我们也不妨参考这种有智慧的教育方法，找一些需要孩子发挥细心的合适的任务，并与他合作，帮他来重新认识细心，使他能从我们身上学到如何保持细心。

💡 严格按照合作的要求去做

所谓合作，就是指个人与个人、群体与群体之间为了达到共同目的，彼此相互配合的一种联合行动或行动方式。从这个定义来看，合作要求双方相互配合、联合行动，这也就要求我们要和孩子做好分工，既不能所有事都由我们来决定，也不能完全不插手只让孩子自己干，合作要求的是双方共同发力，我们要遵循这个要求。

我们可以先分析一下任务的难易程度，然后给孩子选出适合他做的那一部分，要给予他充分的信任，同时也要提醒自己，这项任务本来就是要培养孩子的细心，所以即便他做不好，也不能直接否定他的工作，并"抢"过来自己做。也就是说，我们要给孩子亲身实践的机会。

💡 选择难度适中的任务来合作

孩子的处事能力不如我们，太难的任务并不适合他，否则他根本不知道该怎么做，就更谈不上细心了；太简单的任务同样不适合，孩子自己一个人就能做好的事还非要与他合作，不仅浪费时间，也会让孩子感到无聊，他也无法体会细心的重要性。

我们应该仔细斟酌，尽量选择难度适中、同时孩子也比较感兴趣的任务。生活方面，我们可以找一些合适的家务，比如择菜，进行家庭大清扫，清洗碗、筷、杯、碟等。学习方面，我们可以与孩子一起完成学习计划的制订或学习目标的制定，通过讨论和协商，一起动手，制订出孩子满意、我们也明了的学习计划。我们平时与孩子做游戏时也能安排这样的合作，比如比较复杂的拼图游戏，我们可以和孩子分别从两边同时去拼，直到最终顺利"汇合"。

💡 在合作过程中做到言行一致

有的妈妈一边做着自己手里的活儿，一边还要不停地唠叨孩子，嘴里说着"你这样不对""你得认真细心""你看你是不是在学习上也这样糊弄"……

手里忙着，嘴里训着，在妈妈这种行为的影响下，孩子恐怕无法专心应对他要做的事情，因为他既看不到妈妈的动作、无法从妈妈那里获得认真细心的要领，还要继续听和之前没什么区别的训斥，还不能走神，这种感觉比单纯挨训更难受。这种培养细心的方式真的完全没有效果。

既然是合作，那我们就要把心思都放在向孩子展示自己的动作要领、给孩子讲解认真细心的方法上，手里怎么做，嘴里就怎么说，只有言行一致才能向孩子传授经验与技能。

52 要得体、大方
——教孩子在形象上重视细节

一个人是否得体大方，与他是否粗心有什么关联吗？

细心的人，一般也会很注重自己的形象，他会做到整洁自然、得体大方，他的发型会干净利索，他的脸也会清洁干净，他的手指甲会修剪整齐，他的衣服会平整清洁，他的鞋子也能保持干净整洁，看上去令人赏心悦目，引得周围人愿意与他相交、相处。相反，粗心的人对于这些细节就没有那么关注了，甚至压根儿就不觉得这些细节有什么问题，他们的头发乱糟糟的，不爱洗脸，不爱刷牙，手指甲又黑又长，衣服皱皱巴巴，鞋子上满是泥土，这样的人很容易遭人嫌弃，即使再有能力，恐怕也不能招人喜欢。

所以，一般情况下，我们根据一个人的外表基本就能判断他是不是一个粗心的人。粗心会表现在方方面面，外表形象是能体现粗心与否的一个方面。

既然如此，我们不妨看看，自己的孩子会不会注意形象？他的外在形象有没有展示出他的粗心？

男孩回家后很沮丧地告诉妈妈："班长说，如果明天我不改变形象，就不能参加集体拍照。他有那么大权力吗？为什么不让我拍照？我的形象怎么了？"

妈妈看看他，叹了口气："你想听妈妈的实话吗？每天早上妈妈给你整理好了形象，但放学时，你的样子就完全不一样了，如果我是班长，我也不愿意你参加集体拍照。"

男孩一脸疑惑地低头看看自己："我怎么了？"

妈妈开始一样样指给他看："头发上沾着纸屑；衣服上不是脏油点就是褶皱；鞋子一天下来就脏得看不出原来的颜色；

> 还有你的手，上面全是彩笔的笔水、中性笔的笔印、不知道哪儿蹭的泥；尤其是你的指甲缝，黑黑的。你自己看看，这样适合拍照吗？"
>
> 男孩有些不好意思了："我都没注意，我说怎么班里的女生每次都说我是'邋遢大王'，这些我是真没在意啊！"
>
> 妈妈说："还是在意一些吧，至少保证一天下来不那么邋遢。如果你可以认真注意自己的形象，我相信你还能有更多收获，比如你的作业本也会更干净，甚至错题都更少。"
>
> 男孩惊讶地瞪大眼睛："真的？妈妈可不能骗人！那我试试看，我明天一定要参加集体拍照。我先去洗手、剪指甲。"

有的妈妈觉得孩子不应该那么在意形象，但其实她们所谓的"不应该那么在意"是不过分追求形象，而不是完全不理会。孩子对于自己的形象应该有起码的关注，干净整洁不只能换来他人的好感，也能让孩子自己养成保持整洁的好习惯，而对生活细节的关注，也同样有助于培养他的细心。

💡 给孩子讲讲需要注意哪些形象上的细节

注意形象上的细节的概念太抽象了，我们需要结合实际来给孩子说清楚他到底需要注意哪些细节。

比如，他要注意自己的头发是不是干净整洁，有没有太长或太乱的情况出现；要注意勤洗脸、洗澡、剪指甲，以保持身体各个部位的整洁；穿衣方面也需要注意，衣服要适合他的年龄段，不佩戴耳环、项链一类的首饰；等等。

这些细节都是平常生活中很常见的，同时也是孩子很容易把握不准的。所以，我们要将这些细节的注意事项讲给孩子听，帮他养成爱干净、爱整洁的好习惯，也让他具备正确的审美观，使他能选择正确的衣饰来装扮自己。

💡 提升孩子对形象的认知与品位

孩子对某些形象的感受可能来源于周围的环境，课堂、校园、他看过的动画片，都可能影响他对自己形象的认知。我们可以根据孩子的形象特点，帮助他正确认识形象的作用，给他打造一个合适得体的形象。

我们在帮孩子进行服饰搭配、形象处理时可以随口提及一些基本原则，比如，衣服要符合年龄特点，要活泼大方，不要薄、露、透；女孩子的头上可以适当戴一些小头花、小卡子之类的小饰品，但不要太多，要少而精，衣服也要符合女孩的服饰特点；男孩子最好不要留长发，衣服除了要选择适合男孩穿的之外，一定要保持干净整洁；等等。

另外，我们还可以和孩子一起学习一些穿衣搭配的技巧，偶尔也翻一翻服饰搭配方面的书籍，看看孩子的衣饰形象该如何设计，以此来纠正他在形象细节方面的问题。

教孩子正确保持形象上的细节

有的孩子一旦意识到"要保持形象"，就可能将过多注意力投放到形象上。比如，为了不弄脏衣服，在体育课上不认真做动作；为了保持手的清洁，在手工课上不好好操作；总是关注自己身上有没有脏，无法做到认真听课；等等。

我们需要帮助孩子摆脱这种"矫枉过正"的做法，对细节的在意，意味着孩子要有规范的行为，实际上孩子能注意到一些规定、原则，就意味着他正沿着正确的方向养成细心的习惯。

比如，体育课上，孩子应该认真听老师的讲解，跟老师学习动作要领，穿便于运动的衣服。如果做动作需要脱下外套，就把外套放在不容易掉落、不会蹭到很多灰尘的地方，然后认真完成动作学习和练习。下课后，及时穿回外套，随手拍掉上面沾染的灰尘或草叶等，整理一下衣服就可以了。

做到这些细节处理已经足够了，并不需要孩子对此有更多额外的关注，或者说这是一种正确的习惯养成。曾有视频显示，有个小学生每天早上走进教室之后，都会条理有序地叠好衣服、收好帽子等物品，摆好文具，整理好桌布，然后坐下。这就是注重细节的好榜样，我们也需要培养孩子具备这样的注重形象的好习惯。

53 你看到了吗？
—— 教孩子在观察中明白细节的魅力

关注细节是做事成功的重要保证，同时，如果我们能认真看一看那些细节，就会发现这些细节都具有独特的魅力。所以，如果孩子对我们提醒他要关注细节感到不耐烦，那我们不妨教他在观察中去发现细节的魅力，当他有了真切的感受时，或者再通俗一些说，当他对细节感兴趣时，他也许就会愿意主动去注意细节了。

有位妈妈分享了这样一件事：

> 星期五的傍晚，女儿刚进家门就迫不及待地蹲在了家里的仙人球旁。原来老师布置的作业是要求描写自己熟悉的一种植物，她想把家里的那盆仙人球当作描写对象。
>
> 观察一番之后，她立刻趴在桌子上写了起来。可是没写几行，她就发现除了"圆圆的""墨绿色的""浑身长满刺"这几个特点之外，再也找不出其他可写的内容了。
>
> 看到女儿皱着眉头、咬着笔，妈妈问道："怎么不写了？"
>
> 女儿说："没得写啊！要不我换个植物写好了，仙人球的特点太少了！"

妈妈笑了笑，招手让女儿和她一起站在仙人球面前，然后说道："你觉得它的特点少吗？你仔细看看，这个仙人球其实并不是正圆的，它的顶部还有个小坑呢，而且整个球的颜色也不一样哦，好好瞧瞧，看到了吗？一半是墨绿色，另一半就有些发黄了。还有啊，刺的颜色、形状你注意到了吗？"

经过妈妈这么一提醒，女儿忽然发现，好像还有很多东西她都没注意到。妈妈这时才说："观察不能忽略细节，否则你的观察就是不完整的。而且，你难道不觉得观察到这些细节会让你发现仙人球的美丽吗？"

孩子很容易忽略细节，他们更习惯看得"快"，但正因为快，所以看得"粗"，他们的记忆里便也只有那些看一眼就能记住的内容。上述案例中的女儿一开始就是这样，她只看到了整体，而忽略了细节。这一点在学习上就会表现为孩子只记得住大致内容，一些关键的细节却关注不到。

所以，我们先让孩子关注到细节，然后利用他的兴趣点，让他感受到不同方面的细节，这会促使他在看待事物时，不再只看到整体。

💡 教孩子学会将事物"分解"开看

绝大多数事物都不能只从整体角度来描述，就像上述案例中的仙人球，它一定包含很多细节。对习惯性从整体角度看事物的孩子来说，我们要教他学会把事物"分解"开看，让他能把一件事物观察得更细致。

就用观察植物来举例，如果从整体角度来看一株植物的话，孩子也许只会注意到植物的颜色、形状、有没有开花，更细致的地方他就看不到了。如果我们提醒一下孩子，让他将植物"分解"开看，分别仔细观察植物的叶子、枝干、花朵、果实等各部分，那他就能得到大量的细节信息。如果再进一步分解的话，孩子还可以看到新长出来的叶子与快要衰败的叶子有什么不同、即将开放的花朵与已经开放的花朵又有什么区别。也就是说，将事物分解得越细，孩子的观察也就会越细。不过也要提醒孩子，这种分解应该是有意义的，要与他的观察目的、学习目的都有关联，且他只有在平心静气、不急躁的状态下才可能发现这些细节。

💡 唤醒孩子对细节所起作用的关注

找细节是个细致活儿，但找到的这些细节到底有什么用呢？它们值得我们付出这么多时间和精力吗？在孩子找到细节之后，我们要引导他思考不同的细节都可以起到什么样的作用，让他感受到细节的魅力。

我们可以把同一件事物的从整体的角度观察到的内容与包含各种细节的观察内容进行比较，让孩子说一说什么样的观察内容会让他对事物有更深刻的了解，结果应该显而易见。当然，我们也可以针对细节来和孩子展开讨论。

还是以观察植物为例，如果孩子通过观察发现新长出来的叶子与快要衰败的叶子之间存在不同，那我们就引导他想一想，为什么两种叶子颜色不同？叶子从新长出来到衰败会经历什么？甚至引导他思考更高层次的问题，比如，一片叶子从新长出来到衰败，带来了怎样的生命启示？

当细节观察与思考、学识、经验等相结合时，孩子会感受到这些细节没有一处是无意义的，说不定我们和他讨论的某个话题会触动他的内心，从而促使他更愿意关注细节、更能细心地对待周围事物。

引导孩子正确处理细节

细节找到之后还要让它发挥作用，这就需要孩子能正确处理不同的细节。这时，我们可以给他做个示范，向他传授一些处理细节的诀窍。

比如说做饭，孩子对于我们做饭的过程可能有个大致印象，甚至也能记得哪一步做什么、怎么做，但如果让他自己做一道菜，他不一定能做出满意的味道。这是因为我们做饭的过程中有很多细节，比如烹饪过程中什么时候放调味品、放哪些以及放多少才能入味，这些是我们要提醒孩子的。

也就是说，我们要让孩子注意到细节在整件事中的作用，根据事情发展的需要来调整细节和行动方式、方法，这样才能保证细节对事件发展起到推动和完善作用。

54 读看毕，还原处
——培养孩子"动物归原"的好习惯

"读看毕，还原处"的说法出自启蒙经典《弟子规》，字面意思就是读完书后要把书放回到它原本在的地方，也就是"动物归原"。其实从认真细心的角度来解读的话，这个动作是体现一个人细心的典型表现。

想想看，如果一个人能把用过的东西放回原处而不是为了方便随手一丢，能把用过东西的场地收拾干净，保证所有还能继续用的东西回归原处，不能用的垃圾都处理干净，这足以体现他的心思细腻。因为他这样做不只是为了眼前的干净，也是为了日后行事的方便，看似现在收拾、归原浪费了时间，实际上却为未来节省了更多的时间。

现在很多人没有这个好习惯，他们更习惯把东西用后随手一放，然后立刻去做别的事。看似很"洒脱"，但等下次再用这个东西的时候，尤其是急用的时候，他们就会浪费大量时间去搜寻，恨不能在家中安一个时间倒流器，让自己能快速知道之前用过的东西到底在哪里。

之所以会有那么多成年人经常找不到想要用的东西，是因为他们在孩童时期就没有养成"动物归原"的好习惯。

由此可见，不论是从培养孩子认真细心的角度，还是从保证他能从容生活的角度来看，我们都应该培养孩子更早养成"动物归原"的好习惯。

💡 提醒孩子记住物品原本在哪里

很多孩子"忘性"大，其实不是他们不想物归原处，只是他们拿东西的时候就没有太上心，没记住东西最初的位置到底是在哪里，因此想让他们物归原处也不可能。所以，我们要提醒孩子，拿东西时一定要记好东西原本的位置，确定好位置之后再拿走物品，等用完放回来时就能准确放归原处了。

关于物品"原本的位置"，我们也要遵守一定的规则。一开始，我们就要确定家中各个物品的位置，非必要情况下不要随意挪动位置，以免让孩子对物品的确切位置没有概念。尤其是孩子自己的东西，我们可以让他自己来归置，由他确定各个物品的位置。

其实孩子从小就有天然的秩序感，比如，孩子两三岁时就会进入秩序敏感期，在他眼里，各种物品都有准确的定位和归属，比如爸爸的位子别人不能坐；妈妈出门后她的拖鞋的位置是固定的；他自己的小碗别人不能用；等等。这都表明他有天然的秩序感，我们不必提醒，他就能做得很好。所以，如果你的孩子正处于秩序敏感期，你就得保护好他的秩序感，不要去破坏它，这样他长大后，就会有很好的"动物归原"的习惯。当然，如果孩子的秩序感被破坏了，那我们就要重新培养他的秩序感。可见，在某种意义上，孩子的秩序感，是被"人为破坏"的。

💡 教孩子把物品正确归原

有些孩子也能做到把物品归原，但他的归原是只把东西放回去了，至于放回去的东西是什么样子他就不管了。我们在生活中都见过这样的情景。妈妈说："你把东西放回原处。"孩子的确拿着东西放到了原处，如果是书的话就随便往书架上插，如果是笔的话就随便往桌面上丢，如果是玩具的话就随便往盒子里塞……看似孩子把物品归了原处，但这原处却因为他的随便处理变得一团乱，即便下次他知道东西在这里，找起来也很费劲。

所以，我们还要提醒孩子，如果要归原，就把物品好好地放回原处。比如孩子拿了本书，那他把书放回书架的时候，可以不必把书放回它原本在的位置，但要在找一个合适的地方，把书好好地插到书架上，不要折页，不要压角；如果是用了彩笔，那就把彩笔都盖好笔帽，并收回到它自己的盒子里，放到彩笔原来在的地方。

也就是说，物品用过后放回原处应该是齐整地回归到原处，要干净整洁且有秩序地收放。这其实也要求孩子要经常整理一下原处，如果原处本就杂乱，那他有没有"动物归原"其实没有太大差别，脏乱差的原处同样容易"滋生"粗心。

💡 别主动帮孩子"动物归原"

可能很多妈妈都有过这样的经历：孩子前脚玩，把东西弄得哪儿都是，我们后脚就跟着收拾，一边收拾还一边唠叨，说孩子不会物归原处。这哪里是孩子不物归原处呢？分明是我们的"代劳"给了孩子偷懒的机会，使他越发不注意这方面的细节。可以说，孩子这种乱丢乱放的粗心表现，全都是我们"惯"出来的。

所以，我们也该"收手"了，当孩子将东西丢得满屋都是的时候，我们只需要提醒他一句"请将东西放回原来的地方"，然后就不要再多说多做了，而是要给孩子机会，让他自己去把物品收起来。

这样做还有另一层意义，就是让孩子体会一下"物不归原"所带来的种种麻烦，给他提个醒，让他知道如果不想下次再遭遇这么麻烦的事情，就在用完物品后及时将其放回原来的位置。

55 你要提前准备一下哦
——准备好第二天要用的物品

粗心的孩子基本上在每个上学的日子都有一个不平静的早上。一般来说，这种不平静可以分为"不平静""很不平静""非常不平静"三个等级，每个等级的划分标准以他到底会忘记什么来判定。

"不平静"的早上，一般是出门前，妈妈发现孩子有东西忘记放进书包里，比如前一天晚上做的作业、老师要求带的签字单、上学当天要用到的彩笔等,这时需要妈妈提醒一句,他才能想起来把这些东西装好。此时妈妈就会无奈叹气,但最起码还是能忍耐的。

"很不平静"的早上,一般是刚出门,孩子就发现水杯没拿、作业忘带、红领巾没系。这时候因为出门不久,赶紧回家拿好东西再出发,时间上还算勉强来得及,但相信很多妈妈此时已经有"暴躁"的苗头了。

"非常不平静"的早上,一般是到校门口了,孩子发现有东西没带,且是老师要求当天必须交的东西,妈妈不得不赶紧返回去帮忙取来;或者是,孩子等到早上才想起来有作业没做,在本来就时间紧张的情况下,他还要补作业。这时候,有的妈妈应该已经"爆炸"了,内心也会比孩子还要急躁。

你曾经历过哪个等级的"不平静"的早上?如果有可能,我们一定希望每个早上都能平静度过,把那个"不"字去掉。若想获得真正意义上的"平静"的早上,我们需要督促孩子努力改正粗心,让他至少能记得在前一天为第二天做好准备,省去第二天早上的忙乱。

☀ 让孩子养成"提前准备"的习惯

"提前准备"几乎是所有事情顺利进行的基本前提,而且准备得越充分,行事时就会越从容,事情成功的概率也就会越大。但很多孩子并不习惯提前准备,他们更愿意随时随地想做就做,或者"到时候再做"。在他们看来，第二天的事，为什么前一天晚上就要想？

我们应该帮孩子从思想上扭转对"提前准备"的认知，培养他具备"提前准备"的好习惯。可以从事实入手，比如，找合适的时间，让孩子体会"做好准备地去做事"与"毫无准备地去做事"，通过亲身体验两者之间的差异，来让他意识到"提前准备"不仅不耽误时间，还让他有更多时间做其他事。

当孩子意识到"提前准备"是一件好事、是可以让他受益的事之后，我们再让他习惯"提前准备"这个流程就很容易了，比如，饭前10分钟，我们提醒孩子将杯、碟、碗、筷准备好；在大扫除之前，我们让孩子提前20分钟将清洁用具与清洁剂准备好；在出门之前，我们让孩子提前半小时开始穿衣、整理背包；孩子做任何事情之前，我们要提醒他先将事情的所有步骤都考虑一遍；等等。

给孩子一个"准备笔记本"

虽然有的孩子记忆力的确不错，但我们却不能保证他的记忆一定准确。我们不妨给他一个"准备笔记本"，让他在得知未来某天要用什么东西或要做什么事情时，就把这些东西或事情按照一定顺序记录下来，或一样样列出来。等到做准备时，就有了参照目录，而且以后检查也会更方便。

我们从一开始就应该要求孩子在做笔记时要确保准确，如果在学校时孩子记得不太准确，他需要及时问老师或同学以确认无误。这其实也是对他处事能力和人际交往能力的锻炼。

此外，现在老师通常会在家长微信群中再告知一遍第二天要做的事情，但这并不意味着我们要帮孩子记住并做准备，还是要让他自己去准备。只有在他实在记不准、记不全时，我们才可以给他一些提示。

💡 教孩子学会"三检查"

"提前准备"并不是一个简单的动作，而是一个比较长的过程，而只有把准备工作做得完整的"提前准备"才是有效的。所以，为了保证孩子能把准备工作做得完整，我们还要教他学会"三检查"。所谓"三检查"，就是指准备好东西后检查一遍，睡前检查一遍，第二天出门前再检查一遍。

东西准备好后的检查，会让孩子及时发现缺少了哪些东西，从而使他更快发现自己的遗漏。

睡前检查是一种加深记忆式的检查，会让孩子对自己准备的东西有一个大概的印象，即便有当时没法准备好的东西，他也能记住这个东西，以便第二天趁早去准备。

第二天出门前的检查则能保证孩子将所有需要准备的东西在出门前都带在身上，而且家里没有的东西，他也能记得出门后立刻去购买或通过其他方式准备好。

这时孩子的"准备笔记本"就要发挥作用了，每一次检查他都可以对照着笔记本去核对，每准备好一样物品，他可以用笔在相应的物品旁边打个钩或者划去物品名称,这样既方便他核对物品,也便于他整理。

56 你检查了吗?
——教孩子做完事一定要检查

如果说在做事前投入十二分精力,认真对待每一处细节是确保事情成功的前提条件,那么做完事后再投入十二分专注,认真检查与事情相关的所有细节,则是确保事情能够成功的最终保障。

对孩子而言,尤其是对那些做事本就毛毛躁躁,很容易出现粗心问题的孩子来说,做完一件事后及时检查,可能是帮助他改正错误、弥补遗漏的唯一机会。但遗憾的是,很多孩子连这唯一的机会也不想抓住,尤其是在学习上,他们巴不得赶紧写完作业、做完习题、答完试卷,带着"终于完成了任务"的松弛感,赶紧投入到玩耍之中。

有位妈妈很重视教儿子学会事后检查,可儿子似乎并不领情。从他一年级开始,妈妈就培养他做完作业及时检查的习惯,但三年过去了,已经上四年级的儿子依然还是做完作业就合上作业本,丝毫没有再检查一遍的意思。

为此，妈妈苦口婆心地劝过他，也严厉地骂过他，甚至有一次还在儿子的屁股上打了一巴掌，可儿子就是记不住。有时候他在妈妈的不停敦促下不得不检查，可他的检查只是简单地把作业看一遍，压根儿就没用心。

对此，妈妈是既无奈又担忧，孩子现在只是不爱检查作业，如果他养成了不爱检查的习惯，那谁敢保证他未来不会因为粗心大意而出什么问题呢？到底该怎么教孩子学会事后检查呢？

实际上，不在意自己做得对不对、只关心自己是不是做完了、只要写完就万事大吉的心态，本就是不负责任的态度。如此说来，我们应该更加重视引导孩子培养事后检查的好习惯，因为这不仅关系到他是不是能把一件事做好，也关系到他是不是有责任心，而未来社会需要的正是有强烈责任心、把事情做完做好的人。

向孩子展示事后检查的作用

前面关于事后检查的案例还有下文：

妈妈在报纸上进行了求助，于是便有教育专家给她支了一招，让她向孩子展示检查的作用。妈妈便拿着作业本对儿子说："你看，以前你不检查作业，作业容易出错，老师只给你

> 打了 B 的分数。而上一次我让你检查过的作业没有出错，老师给了你一个 A。你不觉得检查后的作业有什么不一样吗？检查就能确保作业做得好啊！"儿子听了妈妈的夸奖，也有些得意了："妈妈，您看着吧，以后我会得更多的 A 的！"

其实这种方法就是在唤醒孩子的内在动力，让他能主动接受正确的做法，自愿去养成好习惯。我们应该尽量向孩子展示检查带给他的好处，让他看到经过检查他的错误被纠正了、漏洞也被弥补了，他做的事情有了一个完美的结局，尤其是第二天他拿着被老师打了"√"的作业回来时，我们可以再次向他强调一遍检查的必要性。这种真实的体验会让他更确定检查是有意义的，对他自己是有利的，从而促使他更愿意主动去执行。

提醒孩子带着认真的态度进行检查

检查时不要担心查出问题和缺陷，检查就是为了提高正确率、减少失误，保证事情的完成质量与效果。所以，检查一定要认真，否则就只是在浪费时间。

然而很多孩子经常会做浪费时间的事情，他们在检查时总是粗略地看一遍就算了，根本没有投入进去，导致检查变成了摆设，很多问题明显地摆在那里，他们都查不出来。所以，当孩子有了想要检查的意识之后，我们就要鼓励他认真去查。因为要检查的是他自己刚刚做过的事情，所以，对于事情的步骤、可能出现的问题他都应该一目了然，这时候再看一遍也许就能发现不经意间犯下的错误并及时改正。

我们可以教孩子用"重新做一遍"的方式去检查，像对待第一次做的事情一样去对待已经完成的事情。这会让孩子不拘泥于过去做事的方法，也许他在重新做这件事的过程中，能顺利解决之前没能解决的问题。

💡 教孩子将检查做到"少而精"

有的孩子马马虎虎地应对检查，有的孩子又将检查看得过于重要，对已经做完的事情反复检查好几遍，总是怀疑有不对的地方，这样的态度显然也是不正确的。

> 一次考试结束后，女儿很郁闷地告诉妈妈："我没做完所有的题。"
>
> 妈妈问："这次考试很难吗？"
>
> 女儿摇摇头："不难，可是我在检查的时候总怕把题做错了，有时候我就擦掉答案重新再写一遍，好几道题我重写了好几遍，结果后面有一道题我刚擦完准备重写，老师就收卷了。"
>
> 妈妈叹了口气说："检查应该少而精，你没完没了地检查当然会出问题啊！"

可能在孩子看来，多检查几遍就能做到万无一失，可是检查的次数太多的话，人就会出现一种没由来的怀疑心理，原本正确的可能也会怀疑是错误的，就像上述案例中的孩子一样，甚至还会重新再做一遍。这样既浪费了时间又不一定能保证全对，其实是一种费力不讨好的做法。

所以，我们应该教孩子将检查做到"少而精"，要多注意容易出错的地方，比如，数学考试中的小数点、运算符号等就需要格外注意，那些已经能确保正确的地方可以看一遍就过，除非真的是整个步骤都出了问题，否则没必要重新做一遍。我们还要教孩子合理分配时间，争取检查一遍就能解决所有问题。

57 你要自己检查哦
——不要代替孩子去检查，要让孩子自己做

很多妈妈都说自己辛苦，不仅要照顾孩子的生活，还要"帮"他生活——孩子做什么事情都得妈妈帮忙检查，以防出错。不过，很多妈妈虽然嘴上说辛苦，却觉得这很值得，因为在她们看来，孩子处事经验不足，必须得由自己替他想着、看着，他才可能将事情做得更好。

可是，我们替孩子检查似乎锻炼的是我们的细心，孩子该粗心还是粗心，因为他已经形成了一种依赖心理，反正事后会有人替他检查，他才不管自己做成什么样。然而我们不能陪他一辈子，迟早有一天他需要自己做事然后自己检查，如果没有从小养成自我检查的好习惯，那么即便犯了错他也不会知道。这就很有可能会影响他事业的发展。

> 学校进行了一次小型测试，老师发现有一个孩子的测试成绩并不理想，而这个孩子平时的作业都做得非常好，于是她与孩子一起核对了每一道题错的原因。
>
> 结果老师发现这个孩子自己完全知道错在哪里，就疑惑地问他："你做完之后没有检查一下吗？这些问题你完全可以避免的，真是太可惜了。"
>
> 孩子不好意思地说："我检查了，但就是简单地看了看。"
>
> 老师说："平时看你的作业做得很好啊，怎么考试时就不行了呢？"
>
> 孩子这才说："平时都是妈妈帮我检查作业，我也知道要检查，不过我不知道怎么查，所以就只是简单地看了看。"
>
> 后来，老师和孩子的妈妈取得了联系，发现孩子的妈妈居然认为孩子只要认真做作业就够了，检查这种小事可以由妈妈代替他做。正是妈妈的错误做法，导致孩子形成了依赖心理。

作为过来人，我们自然知道检查是学习中的一个重要环节，但我们不能只是自己知道，也要让孩子知道，要让他也能掌握这项技能，让他自己也意识到这个环节的重要性并自己去认真完成。

所以，我们不能只是简单地告诉孩子"检查很重要"，还要把检查为什么重要、怎么检查等重要的内容也同样教给他，让他能养成事后检查的习惯。

选择正确的提醒孩子检查的方式

有的妈妈一边嘴上说着让孩子自己检查，一边却又直接明确地指出孩子的错误，这实际上已经替孩子做了检查的工作，还会让孩子觉得妈妈总会替他检查的，他的自我检查意识自然培养不起来。

所以，若想让孩子意识到应该自己检查，我们要更有智慧一些。首先，我们不能总跟在孩子身后给他指出错误，不让他形成"反正妈妈能帮我发现错误"的依赖心理，而是给他独立完成一件事的机会。如果他犯了错，我们要能"忍得住"，当他做完事情的时候，我们可以及时提醒他"自己再好好看看，看有没有做错的地方"。

当然很多孩子是不愿意再回头看自己已经做完的事情的，那我们此时可以加一句："你确定自己能全做对吗？如果做错可是有惩罚的哦，但如果你认真检查了并且没有错误，那我们就有小奖励。"惩罚不需要多严厉，奖励也不需要多贵重，只是调动孩子检查积极性的一种方法。也有妈妈是这样说的："妈妈希望你能再好好检查一下，我好想看到你努力后得到的好结果啊！"这种方法也是可行的，这种来自妈妈的期待，也许会促使孩子更愿意满足妈妈的心愿。时间久了，孩子就会记得做完事情要检查，也就能慢慢养成事后检查的习惯。

💡 告诉孩子检查具体要做些什么

有些孩子不愿意检查是因为他很懒，他习惯了将所有事情都推给妈妈，而有些孩子不愿意检查的原因则是他不知道该怎么做。所以，若想让孩子自己进行检查，我们还要告诉孩子检查具体要做些什么。

我们要告诉孩子检查是把刚做的那件事再从头至尾查看一遍，不能只看得到的结果，也不能只看过程中的某几个步骤，而是要看整件事情；还要给孩子讲讲检查的顺序，可以是从前往后再将所有事都做一遍，也可以从后往前由结果向回推，如果都能顺利推下来，那就代表他的事情做得很好；同时，还要教他学会重点检查，就是他需要反复确认容易出错的地方、拿不准的地方，另外，他还要看看自己有没有忘掉什么、有没有出现不该出现的错误；等等。

我们可以给孩子做一个简单的演示，让他看看我们是如何进行自我检查的，让他看看检查前与检查后的结果有什么不同，这会使他对事后的自我检查有一个更为全面的了解。等到再进行自我检查时，他就知道该怎么做了，也不会再那么粗心大意了。

可以检验一下孩子检查的结果

孩子最开始的自我检查可能并不完善，有时候他也会出现偷懒的情况。所以，虽说我们不能代替孩子检查他做事的过程与结果，但我们却可以帮忙检验一下他检查的结果。

我们要看看他是不是在认真检查，如果他检查得马马虎虎，我们还要督促他再用心一些；还要看看他是不是改正了自己检查出来的错误，如果他对这些错误感到无所谓，我们就要提醒他"小错不改，大错吃苦"；如果他有错误没有检查出来，我们也要给他指出来，从而保证他的检查能做到完整、有效。

第八章

应对"实战演练"中的粗心！

——孩子在主要学科中粗心大意的情况

  学习是孩子粗心表现的"主战场"，我们要解决孩子粗心的问题，就要在这个"主战场"上投入更多的精力。如果说前面的种种能力和习惯的养成是日常的操练，那么现在，我们就要帮助孩子完美地完成"打击粗心"的实战演练。

58 在语文学习中也会粗心
——孩子在语文学习中粗心的表现

在很多妈妈的眼中,语文是一门学习母语的学科,孩子不应该在语文学习方面有粗心的问题,但事实却是,孩子在学习天天在说、在用的母语的过程中,也会有很多粗心的表现。

因为涉及母语学习,所以语文可以算是所有学科的基础,语文学习上的粗心不仅影响语文学科自身,对其他学科也会带来严重影响。比如,孩子因为粗心而出现的漏字、错字等问题会导致理解误差,致使孩子要么理解不了,要么理解错误,进而给其他学科的学习带来障碍。

想要解决问题,就要先认识问题,孩子在语文学习上的粗心都表现在哪些方面呢?我们不妨来仔细看一看。

💡 基础知识容易混淆

就小学语文来说,它的基础知识包括音节认读、拼音识字、课文阅读等方面,覆盖面非常广。而孩子的粗心问题包括:拼音混淆,如"b"和"d"、"p"和"q"、"b"和"p"等;形近字、音近字混淆，如"入"和"人"、"己"和"已"、"乌"和"鸟"、"很"和"狠"、"拨"和"拔"、"战"和"站"、"圆"和"园"等；标点符号混淆，不确定哪里要标句号，经常漏掉书名号，句子结尾写错标点符号；等等。

孩子之所以会出现这些基础知识混淆的问题，除了看错、记错这些粗心的一般原因，还有更深层次的原因。

有的孩子对事物特征的感知不够精细，缺乏相应的感性材料（在现实生活中得到的主观感受），无法准确建立事物的一般表象，从而出现混淆。

有的孩子缺乏足够的生活经验，对一些知识不能充分理解，只能凭借机械记忆，一旦记忆出错就会出现混淆。比如"己"和"已"，这两个字读音和字形都很相似，如果孩子初始记忆出了问题，后续自然也会出问题，不论是做题还是日常使用，他总会出错。

还有的孩子记忆受到了"干扰"，也就是相似记忆的混淆和纠缠。① 从认知心理学角度来说，信息之所以会从即时记忆中丢失，是因为当前正在加工的信息受到了其他信息的负面影响。干扰一般会表现为两种模式：前摄干扰与倒摄干扰。②

前摄干扰，指当前编码的信息对记忆新信息的能力造成干扰。比如，先学习了"p"，再学习"q"的时候，就容易把"q"写成"p"。

---

① 索尔所，麦克林 O H，麦克林 M K. 认知心理学. 8版. 邵志芳，李林，徐媛，等译. 上海：上海人民出版社，2019：181.

② 罗宾逊－瑞格勒 B，罗宾逊－瑞格勒 G. 认知心理学. 凌春秀，译. 北京：人民邮电出版社，2020：129-130.

倒摄干扰，指新编码的信息对记忆先前编码信息的能力造成干扰。比如，先学习了"人"，后学习了"入"，就容易把"人"写成"入"。

💡 基本能力表现较差

与语文学习联系比较紧密的能力，大致包括阅读能力、理解能力、手眼协调能力、书写能力、注意力等。如果孩子的这些能力发展不好，就会导致粗心现象的出现。

如阅读能力，当孩子在阅读的时候，如果视觉宽度不够，文字通过眼睛反馈到大脑的速度就比较慢，把经过大脑处理后的信息再通过口头表达出来，就显得比较缓慢而吃力，且很容易出错。

如手眼协调能力，有的孩子肌肉发育不平衡，手眼协调性不好，看到的内容和手上的动作总合不到一起，通俗点来说就是"眼睛会了，但手不会"，就很容易出现缺笔、漏笔和误笔的现象。

如注意力，当孩子的知觉、思维、肌肉等同时进行活动的时候，如果他的注意力不持久、易分散，就很容易顾此失彼，不是漏掉某道题，就是漏掉题目中的其他要求。比如，题目要求是"下面这篇短文有多个错别字，请将它们用圆圈标记出来，并在后面改正过来"，结果孩子只标记出了错别字，而没有在后面改正过来。

💡 只认"经验"而不会变通

在做语文练习时，有些孩子会根据自己以往做过的题来做眼前的题，而不认真审题。比如，以前做的题目的要求是"在正确的选择下画线"，但当题目要求换成了"用斜线划去错误的选择"，如果孩子只遵循经验而不认真读题的话，就会出现"题目全选对了却不得分"的情况。

还有一种情况是做多了某种类型的题，一旦题目变换了问法就不知所措或者完全答错。比如考查某首古诗时题目经常是"这首古诗描写了什么景象"，可当题目变成"某个景象在这首古诗中的哪一句有所体现"时孩子就不知道该怎么作答了。也就是一旦过度依赖以往的经验，而不将注意力放在知识内容本身上，孩子就会出现"会却做错"的粗心表现。

当然，孩子在语文学习中的粗心表现可能并不只有以上三种，有的孩子可能还会有"很独特"的粗心问题。对此，我们要根据孩子的实际情况，帮助他分析、总结这些表现，和他一起探究其中的原因，找到合适的处理方法。

59 这样就不会粗心了
——避免在语文学习中粗心的几个方法

在有些孩子看来，在语文学习中的粗心不过就是拼错拼音、写错字这样的"小错误";而在有些妈妈看来,相比这类错误,还是应该更加关注阅读理解、作文这样的大题。所以,不论是孩子还是妈妈,都可能会因为对粗心的轻视态度而不能很好地解决这个问题。

那么,我们先纠正一下自己对孩子在语文学习中粗心的看法,阅读理解、作文等大题固然很重要,但是拼错拼音、写错字这样的"小问题"如果不能及时改正的话,那么孩子在后续的阅读理解中就可能出现读错、认错、理解错的问题,至于作文,就更可能是错字、病句连篇,上下文不连贯,根本不能得到高分。我们自己先重视起来,再带动孩子关注粗心的问题,然后就可以寻找各种应对方法来彻底解决这些问题了。

💡 对基础内容要"不厌其烦"

拼音、识字、书写、朗读、背诵……这些都是语文学习的基础内容,这些基础内容的学习也基本调动了孩子的眼、口、耳、手、脑等器官的功能。所以从某种角度来说,当孩子能够熟练掌握这些基础内容时,他的多感官协调功能也将得到锻炼,而相应的粗心问题也就能在很大程度上得到解决了。

应对基础内容,我们和孩子都要不厌其烦。

我们要耐得住性子,跟着老师的教学进度和安排走,在配合老师的同时,结合自己孩子的特点,找到最适合孩子理解与接纳的方式,再加上一些小技巧、小方法,帮助孩子巩固这些基础知识。

在拼音学习上，我们可以找一些朗朗上口、方便记忆的顺口溜，来帮助孩子建立对拼音的正确记忆。

在书写学习上，我们要从一开始就鼓励孩子建立正确的笔顺和笔画记忆，减少前摄干扰和倒摄干扰。在学习一些有特点的字、形近字、音近字时，我们可以教孩子学会归类析异法，比如，"己""已""巳"这三个字非常相似，根据笔画的特点归纳为"开口己，半口已，闭口巳"；"戍""戌""戊"这三个字的笔画特点是中间一笔各有不同，可以概括为"点戍、横戌、戊中空"。我们也可以教孩子采用汉字"音、形、义"相结合的方法，比如，"栽""载""裁"三字，读音不同，"栽"读"zāi"，"载"读"zǎi""zài"，"裁"读"cái"，"形"的区别分别是形符"木""车""衣"，那么"栽"就与"树木"有关，"载"就与"车"有关，"裁"就与"衣服"有关。

在这个过程中，孩子可能会觉得自己已经学会了而懈怠，觉得每天练习很无聊，我们除了鼓励他坚持之外，也可以试着调整一下学习内容。因为学习这些基础知识的时候，基本都是孩子刚上小学的时候，我们要帮孩子维持学习兴趣，找到更有趣的学习内容来帮助他巩固知识。

💡 对能力要"多加训练"

不论是阅读能力、手眼协调能力、书写能力，还是注意力、观察力、理解能力，都需要孩子在平时多加练习。只有多训练，他才能真正掌握这些能力，并且越用越熟练，正所谓熟能生巧。若孩子能像吃饭穿衣一样熟练地使用各项技能，那么相信他基本上不会因为能力问题而粗心了。

进行这种训练时，我们要注意劳逸结合，让孩子不会产生疲劳感和烦躁感，在他可接受的范围内，帮他制订一些小计划，比如，每天读书15分钟、每天练习书写半小时、每天背诵一些知识等。通过这种细水长流式的练习，来帮助孩子培养并巩固各项能力。

💡 对经验要"举一反三"

在学习过程中，我们和老师都会向孩子传授一些经验，而孩子自己在不断的练习过程中也会形成一些熟悉的操作流程。对于孩子已经拥有的经验，我们可以帮助他提炼经验的"精髓"，而不是让他一直套用经验的固定模式。

比如，对于"在正确的下面画线""把错误的用斜线划掉""写出近义词""找到反义词"之类的题目，考查的重点是"既要知道正确的内容，也要注意避开错误的内容"，而解这类题目的精髓就是"看准题目要求"。对于能够熟练掌握知识内容的孩子来说，确定题目要求到底是什么是得分的关键，简单来说就是"认真读题并审题"。

我们可以教孩子一些小技巧，比如提醒他在审题的过程中，用笔勾画出题目中的关键性词语，如"一个""多个""正确的""不正确的""反义词""近义词""用直线""用波浪线""划掉""写人的""写景的"等，做题时多注意这些词语，以保证不会因为盲目依赖经验而出错。

60 阅读啊，阅读！
——哪些因素影响了孩子的阅读？

今天，阅读已经成为孩子学习中的一项重要能力。而孩子们所学的内容、所做的题目，对他们的阅读能力的要求也是越来越高。

如果你翻看孩子的学习、练习或考试内容，就会发现，不论哪一门学科，都需要孩子在读通、读懂文字内容的前提下去学习、思考并解决问题，哪怕题目的文字很短，也包含了很多关键信息。孩子只有拥有良好的阅读能力，才可能找到并弄懂这些关键信息，然后根据信息的指引来完成学习或解答。

但是，很多孩子的阅读能力并不好，这也是他们学习效果不佳、成绩不好的重要原因。很多妈妈对此很着急，那么我们先来找一找到底是什么原因影响了孩子阅读能力的发展，以便日后对症下药。

💡 基础能力薄弱

简单来说，想要掌握阅读能力，至少要识字、会读、理解字的意思、知道这个字组成的词是什么意思,它在一个句子中起了什么作用、代表什么意义;知道各种标点符号各表示什么意思;能够根据文字展开联想,进行延展性思考。这些显然都是阅读所需要的基础能力。

那么,当孩子有识字量不足、对字的音、形、义不了解,不清楚标点符号的用途,思维不够灵活等问题时,他的阅读自然会存在障碍。

缺乏足够的兴趣

孩子做很多事情都是以兴趣为支撑的,那我们有没有注意培养孩子的阅读兴趣呢?我们在家有没有给孩子创造良好的阅读氛围?有没有根据孩子的喜好来帮孩子选择合适的阅读材料?是不是在意并满足了孩子的阅读需求?

如果孩子的阅读兴趣没有被调动起来,他对阅读就会持无所谓的态度,通俗来说,就是他的大脑里没有"我想要读本书"这样的想法,自然也就不会主动去阅读。

阅读的数量和时间不足

有的家庭中没有足够满足孩子阅读需求的书,只有寥寥几本,早就被孩子翻过无数遍;也有的家庭给孩子安排了很多的课外兴趣班,或者对孩子的阅读没有任何要求,以至于孩子的阅读数量和时间都远远不够。

与其他能力的训练一样，阅读能力也需要足够的数量和时间来支撑，读得越多、越久，孩子对文字才会越来越熟悉，头脑中才会积累越来越多的知识内容。

心态容易浮躁

青少年学生的阅读内容侧重于娱乐消遣类型，这类阅读内容具有明显的浅层化、卡通化的特点，他们在阅读过程中无须进行深入的思考。再加上视听内容的快节奏化，大量跳跃态势信息的刺激，使得学生的信息处理中枢——大脑经常处于一种闪动的状态，从而导致学生在日常的学习生活中没有习惯也没有耐心去细致、认真地进行文字阅读，因而出现粗心也就不足为奇了。[1]

我们不妨去翻翻自己孩子的书柜或书架，看看上面是不是有很多漫画书？是不是大部分书都是图多字少？是不是很多书在阅读时基本上不需要太多思考？是不是有很多书的内容都是热闹的画面？如果是的话，那孩子从这些书中的收获可能就只是心态变得越来越浮躁。

思维与德行品质不高

孩子喜欢看什么样的书，在很大程度上取决于他的思维品质，也就是他想要追求什么，他的想象能力、逻辑思维能力有怎样的

---

[1] 束玉良. 粗心：阅读能力弱化的征兆. 中学课程辅导（江苏教师），2014（14）：61.

水平,这会影响他对阅读内容的选择。比如,一个想要了解古希腊神话的孩子所需求的书,与一个只想要看搞笑动画的孩子所需求的书,两种书的品质、内涵会存在一定差异。

同时,我们还要重点关注一下孩子的德行品质,拥有良好德行的孩子,会更愿意接触积极正向的读物,而这类读物也多半会引导孩子的思维能力向更高的层面发展。相反,如果孩子的德行发展得并不好,那么他喜欢接触的基本上是一些没有什么积极意义的书,也会更容易接触低俗、暴力内容,这显然也是影响他阅读能力发展的重要因素。

💡 不会处理信息

阅读不只是把文字读完,还要把那些文字在头脑中进行处理。但由于低学段的孩子的阅读内容过于浅显,且读物中存在较大篇幅的图画,很多孩子只依赖感性手段去认知,只是简单地获取感官上的愉悦,并不需要更深层次的分析、思考、筛选、创新等理性认知,以致他通过这些理性认知手段对信息的敏感度和处理能力明显下降,无法迅捷、准确地解析文本中隐含的内在信息,导致误判、漏判屡屡发生。[①]

简单来说,就是孩子只是"阅"了,却不会"读",或者只是"读"了,却完全没有发现与思考,不能同步进行信息处理的阅读相当于"白读",毫无意义。

---

① 束玉良. 粗心:阅读能力弱化的征兆. 中学课程辅导(江苏教师),2014(14): 61.

61 这样阅读最有效
——怎样有效辅导孩子的阅读？

2022年3月25日发布的《义务教育语文课程标准（2022年版）》的课程目标"总目标"第五条提到："学会运用多种阅读方法，具有独立阅读能力。能阅读日常的书报杂志，初步鉴赏文学作品，能借助工具书阅读浅显的文言文。"而第八条则要求："感受语言文字的美，感悟作品的思想内涵和艺术价值，能结合自己的经验，理解、欣赏和初步评价语言文字作品，丰富自己的情感体验和精神世界。"在接下来的每一个学段课程内容中，对"阅读与鉴赏"的要求也随学段的提升而提升。

具体课程也按照内容整合程度不断提升，分三个层面设置学习任务，其中第一层设"语言文字积累与梳理"1个基础型学习任务，第二层设"实用性阅读与交流""文学阅读与创意表达""思辨性阅读与表达"3个发展型学习任务，第三层设"整本书阅读""跨学科学习"2个拓展型学习任务。

从这个标准的内容我们不难发现，阅读几乎贯穿了语文学习的全过程，孩子学习语文的过程不仅是学习语文知识的过程，同时也是培养阅读能力的过程。只有阅读能力跟得上学习需求，孩子的语文学习才算"达标"。

而阅读能力的培养也不可能完全依靠学校老师的教育，我们也要积极配合这个课程标准的内容要求，与老师合力培养孩子具备满足当下学习要求的阅读能力。

💡 提升孩子阅读所需的基础能力

解决基础能力问题，是保证孩子有能力阅读的基础，这里的"基础"其实就是课程标准内容中的第一层"语言文字积累与梳理"的学习任务。除了老师教授的那部分，我们也可以帮助孩子解决生字方面的一些问题，试试引导孩子采取"三步走"的方法。

第一步，通读文章，了解文章的大概内容，可以把不认识的字、不理解的词语标出来。

第二步，通过查字典的方式，集中了解生字和生词的读音、意思。此外，还可以引导孩子联系上下文，猜一猜生字和生词的意思。

第三步，了解了文章的内容，掌握了文章的生字和生词的读音、意思，然后再把文章流畅地阅读几遍。

💡 帮助孩子找到合适的书

关于阅读，美国教育家莫提默·J.艾德勒说："我们只能从比我们'更高明'的人身上学习。我们一定要知道他们是谁、如何跟他们学习……而任何一个可以阅读的人,都有能力用这样的方式来阅读。只要我们努力运用这样的技巧在有益的读物上,每个人都能读得更好、学得更多,毫无例外。"[1]

好的读书技巧应该被应用在"有益的读物"上,也就是说,"一个人读什么书一定程度上关系到他的心性……有时候一本适时的好书能够决定一个人的命运,或者成为他的指路明灯,确定他终生的理想"[2]。

所以,我们要帮孩子找到合适的书,书中不仅要有符合他兴趣的内容,也要有增长知识、提升素养、教授技能等内容。而这些书都要有最起码的积极正向的价值观,要能真正深入孩子内心,要对提升他的思想境界、道德品性都有帮助。

培养孩子具备良好的阅读兴趣

著名学者温儒敏曾说:"提高语文教学效果有各种各样的办法,但最管用的是读书,是培养读书兴趣,这是关键,是'牛鼻子'。抓住了这个'牛鼻子',就可能一举两得,既能让学生考得好,又能真正提高学生的语文素养。"[3]

由此可见,培养良好的阅读兴趣不仅能促进孩子的学习,也能提升孩子本身的素养。所以,我们可以找找孩子感兴趣的内容、

---

[1] 艾德勒,范多伦. 如何阅读一本书. 郝明义,朱衣,译. 北京:商务印书馆,2004:13.

[2] 聂震宁. 阅读力. 北京:生活·读书·新知三联书店,2017:174-175.

[3] 温儒敏. 温儒敏谈读书. 北京:商务印书馆,2019:16.

喜欢看的读物类型。比如，有的孩子喜欢动物，有的孩子想要了解天文，有的孩子愿意走迷宫，还有的孩子可能喜欢火箭和航天，从孩子的喜好来入手，满足孩子的需求，更容易引导孩子进入阅读的世界。

另外，我们也可以从读书的目的入手，来激发孩子想要通过学习充实自我的主动性，这也会更便于培养他的阅读兴趣。

坚持培养孩子的阅读习惯

当有了兴趣之后，习惯的养成就很容易了，因为阅读习惯的养成有赖于兴趣，兴趣是阅读习惯保持下去的情感基础。

要养成良好的阅读习惯有很多方法，比如，我们可以在家中创造良好的阅读氛围，让孩子先习惯这样的生活方式，之后再培养他把阅读当成一种习惯；我们也可以与孩子进行亲子共读，孩子都愿意和妈妈一起做一件事，这种亲子间的亲密氛围也能帮助他爱上阅读；根据实际情况调整书的数量和种类，购买、借阅都可以，保持孩子对阅读的新鲜感和期待感；鼓励孩子与同学交换读物，不仅可以增加孩子的阅读量，也可以让孩子通过阅读寻找志同道合的朋友；等等。

教孩子掌握阅读方法

阅读方法也是多种多样的，我们除了根据孩子的特点来帮助他选择阅读书目之外，也可以把一些比较著名且有效的读书方法推荐给孩子，比如"朱子读书法"。

"朱子读书法"是南宋教育家、思想家朱熹的读书之法，即"循序渐进、熟读精思、虚心涵泳、切己体察、着紧用力、居敬持志"。

循序渐进：读书应量力而行，并且要有次序，"学者当自博而约，自易而难，自近而远，乃得其序"。

熟读精思：读书要注意巩固所读的内容，同时还要认真思考，以免出现"学而不思则罔"的情况。

虚心涵泳：读书要虚心，要认真思考，不能牵强附会，要反复诵读以读通、读懂。

切己体察：读书要经常反思，并亲自体验所学道理，躬行实践。

着紧用力：读书要具备"勤奋向学"的精神，要下足功夫。

居敬持志：读书时要注意力集中，做到"心到、眼到、口到"。读书也要志存高远，"立志不定，如何读书？"

谨慎选择"网络阅读"

如今我们的生活离不开互联网，阅读的方式也不仅限于"捧一本书读"，还可以"下载一本书看"或者"打开读书网站阅读"。

至于要选择哪种阅读方式，不妨参考一下这个建议："既读书，也读网……读网比较适合'浅阅读'，了解新闻、信息，也是（因为）上网比较方便。但读纸质书更适合'深阅读'。要想读经典,最好还是读纸质书。"[1]

而从孩子的身体健康的角度来看,显然长时间面对电子屏幕对孩子而言是不利的,所以,我们最好还是多选择出版正规、内容合适、方便阅读的纸质书,控制孩子观看电子屏幕的时间,鼓励他多从纸质书中去感受阅读的魅力。

62 学会触类旁通
——历史、政治等学科也是类似情形

随着年级的升高,除了语文,孩子也将开始学习其他由大量文字内容支撑的科目,比如历史、政治,这两门科目的学习内容基本上也都是以背诵、阅读理解、思考分析、书写等为主。所以,孩子在语文科目上出现的很多问题,在这些科目上也可能同样会出现。比如,语文中会有背诵要求,历史也一样,比如朝代、事件及其意义等内容都需要背诵;语文中会有阅读理解,历史中也有材料阅读题,根据材料内容分析历史事件及其背后的意义等,政治(道德与法治)中也会考查对阅读材料呈现的某一个问题的看法;语文中需要大量书写,历史、政治也同样如此。所以,诸如

---

[1] 温儒敏. 温儒敏谈读书. 北京:商务印书馆,2019:183.

记忆错误、理解偏差、书写问题等引发的粗心，也会在这些科目中频频出现。

也就是说，要解决不同科目的粗心问题，孩子应该学会触类旁通，对于同样类型的科目，可以采取相似的思考模式，寻求合适的解决方法。

那么对历史、政治等科目，孩子应怎样避免和解决粗心问题呢？

💡 确保基本知识内容的准确性

虽然同样涉及文字性内容，但与语文科目不太一样的是，历史、政治这些科目涉及大量的史实，以及一些基本思想、原则等内容，语文中学习的很多文章可以进行发散思维的联想，但显然历史、政治中的诸多文字不容一丝改动。

所以，对历史、政治这类科目的学习，孩子首先要讲求一个"准"字，该准确背诵、记忆的内容就要努力做到一字不差，包括时间、地点、人物、事件在内的基本内容不能错，重要的文件、会议、纲领等内容甚至连标题都不能有误。我们也要鼓励孩子耐得住性子，全神贯注去应对，选择科学的记忆方法，保证把这些基本知识准确无误地"刻印"进大脑里。

💡 提升思考与分析能力

就像语文学习中的阅读理解、作文等内容一样，在学习历史、政治的过程中，孩子也同样需要对文字内容展开思考与分析。

只不过，相比语文学习中对文章结构、立意、内涵的分析理解，历史和政治学习中的分析会更看重思想的前后连贯性，以及对一些历史问题、现实问题的思考。所以，我们要帮助孩子拓展知识面，比如，培养孩子看新闻、看纪录片的习惯，多给孩子准备一些涉及史实、思想剖析的书或文字资料。简单来说就是帮助他建立内容足够的、可以支撑他思考的知识库，这样不论是学习还是做题，他都可以听得懂、学得会、做得出。

而且，这类科目中的题目，在题意、设问和要求上都可能存在不同的陷阱，会给出干扰项。孩子如果知识面不够广、思考不够灵活，就很容易被迷惑，再加上与时间、事件、人物相结合，孩子就更容易头脑混乱。所以在这方面，我们也要帮助孩子提升抗干扰能力，帮助他巩固基础知识，让他仔细思考之后做出判断和选择，然后再去答题。

学习过程中要提升思想敏感度

历史、政治这类科目还有一个很鲜明的特点，那就是它们会考查孩子的思想敏感度。比如说历史，时代是不断发展的，所以历史总是会不断延续，总会有新的知识内容被加进来；政治就更不用说了，从国内到国际，情况几乎时刻都在更新变化，孩子如果没有足够的敏感度，就容易出现答题错误。这显然是孩子在历史、政治的学习中最需要注意的地方，也是最不能出现粗心的地方。

所以，当孩子开始上历史课、政治课的时候，我们不妨增加家中的"新闻时间"，也加入一些"政史讨论"的内容，让孩子既能时刻关注到最新的历史发展、政治变化，也能保持活跃的思维，对新时代有自己的思考和理解。

63 都在哪些地方粗心了？
——孩子在数学上的粗心问题

《义务教育数学课程标准（2022年版）》中提出，数学在形成人的理性思维、科学精神和促进个人智力发展中发挥着不可替代的作用。数学素养是现代社会每一个公民应当具备的基本素养。数学课程要培养的学生核心素养，主要包括3个方面：（1）会用数学的眼光观察现实世界；（2）会用数学的思维思考现实世界；（3）会用数学的语言表达现实世界。

从这个标准来看，数学不仅是孩子当下学习的重点，也是他未来生活和工作中必不可少的工具。所以就目前来说，孩子都应该对数学学习予以足够的重视，并以积极认真的态度来对待和应用数学，从现在开始养成良好的数学素养。

然而从实际来看，一提到"粗心"，我们首先会想到"数学"，再看看孩子们在数学学习上的种种表现，有的几乎已经到了在任何一个知识点上都可能粗心的地步，可称得上是粗心"比比皆是"。

那么，让我们来看看孩子在数学上都有哪些典型的粗心问题。

💡 记忆混乱引发的粗心

数学知识里都包括什么？除了数字计算，数学还有概念、原理、公式，比如单位换算原则、进位退位规则、不同进制的规则、图形周长和面积的计算、信息统计……数学显然并不只是简单的"数字与计算"。孩子要想完成计算，就必须先要记忆并掌握这些概念、原理、公式的基本内容，否则可能连算式都列不出来。

但也正是在这些需要记住的地方，孩子很容易出错。比如，三年级数学中考查的内容："余数和被除数的大小关系""分数到底怎么比较大小""平方米与平方分米之间怎么换算""从9点10分到10点20分过了多久""周长和面积能比较大小吗""统计中一个'正'字代表数字几"。这些考查的内容可能会以选择题、填空题或判断题的形式出现，很多孩子都会因为记忆上的"粗心"而在这些题目中丢分。

💡 书写不慎引发的粗心

数学的书写是很多孩子或妈妈都会忽略的地方，我们可能都有一种思维定式，数学只要写对就好了，写得好看是对语文的要求，但实际上，孩子很多时候都会因为数字的书写不认真而被扣分。

比如，随意写下的数字"6""9""8""0"，很容易让人辨认不清；运算符号"＋""÷""×"如果写不清楚，后续的计算可能也跟着一起错了；答案算对了却抄错了，或者写错了位置；进位与竖式横线分不清，退位与数字连得过于紧密，以至于无法分辨；书写内容挤在一起，让人找不到哪个才是最终答案……

数学中的书写其实与语文等科目的书写在要求上没有太大区别，不论是数字、符号的书写，还是横线、图形的绘制，都要在保证速度、正确率的前提下保证质量，而且一份好的书写内容，也会得到老师额外的卷面分。

计算成为孩子数学学习中的粗心"重灾区"

如果要找孩子数学学习中的粗心"重灾区"，那么计算可谓"当之无愧"，孩子在计算中容易出现的错误包括忘记进位或退位、忘记进行单位换算、忘记"先乘除再加减"的原则、进位数字写错、乘法口诀记错、竖式对错位置等。当然还有单纯计算出错，比如把5+8算成了等于12，检查时也没查出问题来。

尤其是单纯计算错误的问题，会让人觉得非常可惜，前面的审题理解、列式分析等过程都没问题，最后计算却写错了，让人有种前期工作都白做了的遗憾。

错看、漏看细节导致的丢分

数学知识所涉及的面很广，这也就意味着它的每一个知识点中都有很多细节，而任何一个小细节都可能是孩子的丢分点。

有时候孩子会错看细节，题目说"选正确的"，他看成了"选错误的"；题目说"多选"，他只选了一个选项；题目说"找不同"，他找了相同的；题目说"列竖式"，他却只列了算式直接写了答案……

有时候孩子会漏看细节，比如忘了写单位，忘了把竖式计算结果写在等号后面，忘了写余数；丢了一个0，丢了小数点，丢了面积单位上表示平方的"2"；少做一道题，少看一个问题，少写一个填空；题目说"带星号的需要验算"，孩子仿佛没看见；还有很多孩子在试卷或者练习卷上，经常忘记写名字。

💡 审题跑偏以致"全盘皆输"

做数学题一定要审题，看清楚题目的要求，找全题目的所有条件，弄明白题目想要考查什么知识点，然后再动笔去解题，才有可能保证一定的准确率。而很多孩子因为粗心导致审题跑偏，也就是从落笔那一刻就已经出错了。

在审题方面，孩子容易出现这样几种错误：

不会审题，有的孩子看题不认真，一眼扫过去只专注于最终的提问，完全忽略了前面的条件，不看条件当然解不出正确的答案。

直觉错误，也就是凭借过去的认知就直接判断题目的要求，而不再仔细看。在社会心理学中有一个"过度自信现象"，就是人们对过去知识进行的判断中存在一种"智力自负"现象（"我早就知道了"），这种自负会影响对目前知识的评价和对未来行为的预测。[①] 显然，凭借直觉判断题意的孩子就会表现为过度自信，"过去我就是这么做的，现在只要看到题目开头，后面我就不用看了，这么做肯定是对的"，这样做的结果可想而知。

干扰错误，即孩子的思维不能专注，很轻易就被其他信息迷惑，反而忽略了题目原本的要求。比如，题目中出现一些无关紧要的数字和条件，有的孩子就会顺着这些无关紧要的条件开始思考，要么得出错误的结果，要么得不出结果。

64 怎样解决呢？
——避免在数学学习中粗心的几大要素

孩子在数学学习中的粗心绝对不容小觑，根据前面提到的在数学上的粗心问题，我们需要认真思考一番，看看从哪个角度来入手，可以给孩子更有效的帮助。

总体来说，我们要考虑到几个比较基础且重要的内容，涉及数学学习或运用的多个方面，当孩子能够在这些方面熟练操作时，有些粗心问题也许就能避免。

[①] 迈尔斯. 社会心理学. 11 版. 侯玉波，乐国安，张智勇，等译. 北京：人民邮电出版社，2016：88.

💡 牢固记忆

数学里的概念、定理、公式、规则等,在什么条件下使用、适用于什么情况、具体怎么用,这些都要求孩子在学习过程中记准确。尤其是一些内容相近的概念、"长得像"的公式,孩子要从一开始就区分清楚。

当然数学上的"牢固记忆",并不是只把文字背熟就可以了,数学的记忆一定要与实践联系在一起,要在实际操作中去记住数学的概念、定理、公式、规则等内容,即在不断的练习中熟悉知识点在题目中的考查和应用形式,通过各种类型的题目来彻底掌握这些基础知识。

💡 认真书写

关于数学的书写,首要的要求就是清楚,即卷面上一眼望去能清楚辨认孩子到底写了什么。我们要提醒孩子在书写时注意这样一些地方:数字、符号怎么写比较清楚,填空题要怎么填,答句要怎么写,竖式要怎么列;如果写不下要怎么安排答题区域的位置,如果写错了要怎么修改,如果要添加内容该怎么加;画图时,线段怎么画、阴影图怎么涂、图示怎么标;等等。

💡 计算准确

曾有老师在一年级开家长会时就提醒所有家长注意:关于计

算问题，一直到小学毕业，老师都会有严格的要求。之所以会有这样的要求，是因为计算就是一个熟能生巧的技能，孩子练习得越多，做进位、退位就会越熟练，乘法口诀的运用也会越熟练，孩子会对加减乘除的操作越来越游刃有余，就能减少出错概率。所以，如果时间足够，孩子精力有余，那么每天让孩子做一定数量的计算练习将会对他大有好处。

理解透彻

数学是抽象的，孩子若想学好数学，最起码要能理解数学课到底讲了什么、数字代表什么、符号是什么意思、算式意味着什么、为什么可以用某个算式来解决问题。

理解需要和前面讲的"牢固记忆"相结合。课程标准中要求，在小学阶段，孩子的数学核心素养主要表现为数感、量感、符号意识、运算能力、几何直观、空间观念、推理意识、数据意识、模型意识、应用意识、创新意识。要培养这些素养，需要孩子去理解数学语言，学会数学应用。

分析到位

简单来说，要想做对数学题，孩子就要经过认真的思考，对题目给出的条件进行合理的分析，得到符合题意的数学关系，然后再一步步通过运算解决问题。

所以，训练孩子具备分析到位的思维能力，也是数学学习中的一个重点。很多孩子会做某道题，然而，一旦这道题换一种问法、换几个条件，他就不会做了。我们平时可以引导孩子多思考，让他想想看同一道题有几种解决办法；也可以变换题目的条件和问题位置，来帮助孩子灵活思考。

另外，也要引导孩子及时复习、巩固旧知识，在熟练掌握了旧知识的基础上，再学习新的知识；抓住新、旧知识之间的共同点和不同点，以促进学习的正向迁移。

65 这些方法很奏效
—— 避免在数学学习中粗心的几个关键方法

要解决孩子在数学上的粗心，我们最好从行动上入手，只是单纯提醒孩子要认真细心是不管用的，他必须要从实际行动上做出改变，慢慢丢掉粗心的习惯，养成细心的习惯。我们也要找一找实用的方法，让孩子通过这些实际可行的操作来逐渐摆脱粗心。

当然这些方法并不是绝对有效的，也许对大多数孩子有效，对少数孩子可能就没有效果，那就需要我们去认真观察自己的孩子，确定他到底在哪些方面薄弱，是不是这些薄弱的地方导致了他的粗心，然后针对那个薄弱点去对症下药。

训练孩子多动笔

> 妈妈拿着孩子被老师退回修改的作业问他:"你怎么错了这么多?是不会吗?"
>
> 孩子辩解道:"我就是想错了,我会。"
>
> 妈妈看了看题,接着就说:"这些题只要你在草稿纸上画一画就能得出答案,比如这个'A比B多多少',画完一眼就看出来了,根本不会出错。你是不是又没有用草稿纸?"
>
> 看着孩子一脸心虚的样子,妈妈立刻明白了他出错的原因,就是没有动笔。

很多孩子的粗心源自他们"只靠大脑想",但不论是直觉错误还是前摄或倒摄干扰,都会影响孩子"想"到的解题方法或答案。而很多题,孩子只要动笔画出条件或者在草稿纸上写一写,就能得出准确的答案。而且,动笔也能调动孩子手眼脑的协调能力,这也是促进他数学思维发展的一个基础能力。

所以,我们要提醒孩子多动笔,做题的时候提醒他准备好草稿纸,在草稿纸上多写写多画画、列出解题步骤,从而得出完整准确的答案。

教孩子合理使用草稿纸

有的孩子的草稿纸是用来乱画的,有的孩子的草稿纸是用来乱写的，还有的孩子的草稿纸上既有语文内容也有数学内容……当孩子不会正确、合理地使用草稿纸时，草稿纸对他来说就是无效的存在，不仅如此，他还可能因为错误使用草稿纸而算错或者抄错答案。

所以，关于草稿纸的使用我们也要给孩子一些指导，比如，可以在草稿纸上划分区域，每一块用自己能看懂的符号标注清楚；按照做题顺序，在草稿纸上列相应的算式；保证草稿纸上的每一个算式、每一幅画都是清晰可辨的，方便抄答案和检查；等等。

💡 提醒孩子主动检查

前面我们讲过检查的重要性，那么，这里我们就要再和孩子强调一遍，检查是挽救他粗心错误的最后一个关口。

孩子可以边做题边检查，也就是做完一道就赶紧回头检查，看看有没有在草稿纸上抄错数、有没有用错公式、所得的答案是不是符合题目要求；当然也可以做完所有题目后再检查，这时书写清晰的草稿纸就能发挥作用了，对照草稿纸上的思路和答案来检查做完的题，看看有没有计算出错、抄错的问题。

关于检查，我们在最开始可能要频繁提醒孩子，这是为了给他加深印象，逐渐在他内心建立起"做完题要检查"的主动意识。我们还要提醒他检查的过程中要认真，不能只是简单看一遍就算了，如果检查不认真，可能就会丢掉很多"冤枉分"。

帮助孩子整理"粗心高发区"

孩子可以在数学学习过程中整理一个错题本，主要收集那些典型错误。如果孩子经常粗心，那我们就帮他在错题本中开辟一个"粗心高发区"，帮他整理粗心高发的题目类型和内容，引起他对这些地方的警惕。

比如，孩子在遇到单位换算时经常出错，那我们就提醒他先总结单位换算的内容，然后每次遇到这类练习题，都做一个明显标记来告诉自己"在这里我经常因为粗心出错"，这样的标记可以提醒孩子多加思考和注意。

"粗心高发区"可能并不固定，随着孩子越学越多，对知识掌握得越来越牢固，有些"高发区"就会变成"低发区"直至彻底不再出现粗心问题。所以，我们还要提醒孩子经常整理"粗心高发区"，调整自己的关注点与关注度。

66 学会举一反三
——物理、化学等学科也可以这样处理

进入初中阶段之后，孩子学习的课程中就会有物理、化学等理科科目，这些科目既有与数学同源的计算要求、思维分析能力，同时也有自己所特有的知识内容，比如，物理科目中会有很多公式，用以计算各种不同的量；化学科目中会有很多化学反应方程式，各种符号可谓"层出不穷"，用以解释各种化学反应。不仅如此，物理和化学科目中还多了实验操作的内容，会有理论和实践的双重考查。

这样一来，我们就要在应对数学科目中的粗心问题的基础上，再针对物理、化学等科目的特点来帮孩子学会举一反三，找到应对这些科目中的粗心问题的方法。

💡 建立深入学习的兴趣

兴趣是最好的老师，在兴趣驱动下孩子会有极高的学习热情，从而可以认真对待学习任务。如果孩子对物理、化学的学习兴趣不高，就会糊弄了事，更容易出现粗心问题。

物理、化学是孩子进入初中后新开设的课程，且从学习知识的角度讲，它们与语文、数学、英语等课程同等重要。有的孩子会随着学习内容的增多而感到压力也同步增大。我们要帮助孩子及时调整心态，鼓励他勇敢面对学习内容增多的挑战，帮助他正视全新的知识内容，可以提前找一些有趣的物理、化学知识来吸引他的兴趣，让他能更快适应新科目的学习。

💡 培养规范书写的能力

与数学科目一样，物理、化学科目也同样要求规范书写。曾经有物理老师指出很多学生因为书写不规范而出错，比如，选择题的选项乱写乱画，做画图题不画图或者忘记标记符号，解答时不写"解"导致格式不规范，等等。也有化学老师列举学生在化学考试时出现的种种问题，比如，元素符号大小写不分，元素名称偏旁不分或写错别字，阴阳离子带错电荷，元素的化合价中的数字和正负号标反、位置标错，物质的化学式出现右下角的数字随意改动，等等。[1] 还有很多孩子的书写错别字连篇，而物理、化学科目中都会有一些专有的名词和术语，这就对规范书写有了更高层级的要求。

所以，在物理、化学这些科目的书写上，我们也可以提升对孩子的要求，多关注他的书写，提醒他不仅要记得住也要写得出，还要写得对。

回归课本夯实基础知识

物理和化学两门科目不仅会考查计算与应用，也会考查基础知识，而很多孩子经常粗心的地方，大多涉及掌握得不够透彻与深刻的基础知识，从而丢掉很多不应该丢的分数。

若想彻底解决这个问题，我们就要督促孩子回归课本，让他通过认真学习和复习来把基础知识掌握扎实，尤其是一些零散的知识点，也要引起注意，比如，化学科目中会有物质的物理性质、化学性质，物质的用途与性质之间的联系等内容，这些都是很简单却很重要的知识点，孩子应该从一开始就把这些知识点掌握熟

---

[1] 胡蝶. 论如何减少学生练考时粗心大意造成的失分. 考试周刊, 2018（6）: 23.

练，考前也要复习到位，进而保证考试时能正确作答。

另外，在物理、化学这样的科目中，计算也是基础知识，孩子理应熟悉公式、定理的运用，保证计算时不出错，这也能帮助他拿到计算部分的基础分。

提升思维分析能力

物理和化学科目的知识内容更需要孩子调动思维分析能力，因为这两门科目比数学拥有更多的公式、符号、概念、定理，做题时孩子要在熟练掌握知识要点的基础上，运用灵活的思维、严谨的分析来作答，从而避免因为粗心而出错。

同时，这两门科目也需要认真审题，因为它们出题时经常会用大段文字来迷惑答题者，很多内容需要联想，建立前后知识点之间的联系。所以，对物理和化学这两门科目来说，认真思考、仔细分析就显得尤为重要了。

67 A、B、C……
——孩子在英语学习方面粗心的表现

英语与语文相似，都涉及语言的学习，只不过语文学习的是孩子的母语。很多孩子的英语学习并不那么顺利，会出现听、说、读、写等方面的问题。

其实这种不顺利也是有原因的。

首先，环境所致。孩子缺乏足够的语言环境刺激，语言使用时间不足，就很容易出现经常性遗忘、使用错误等问题。

其次，语言习惯所致。孩子在已经熟悉的汉语语言习惯下再去学习并使用一套新的语言习惯，两者互相影响，往往出现"中式英语"的问题。

最后，学习方式所致。英语的学习方式与语文完全不同，最开始老师在课堂上讲的基本都是简单的听、说、读、认的内容，尤其是对那些很早就开始接触英语的孩子来说，这样的内容并不能引起他足够的关注，自然很容易出错。

粗心是孩子英语学习中需要引起重视的一个问题，因为英语学习中的粗心，导致的往往都是"牵一发而动全身"的问题，比如，孩子把一个单词中的一个字母记错了，那么它后续就会影响单词、发音、语法、阅读、写作等多个方面。

既然如此，我们不妨来帮助孩子总结一下，看看他在英语学习中都会有哪些粗心的表现。

混淆字母与拼音

虽然英文字母与拼音都要用到26个字母，但二者在很多方面存在区别：发音不同，比如英文字母 a 的发音是 [eɪ]，有的孩子就会读成"啊"（汉语拼音 a 的发音）；书写方式不同，比如字母 i，下半部分英文的书写体是倾斜的,起笔上提,收笔弯钩,而拼音 i 的书写就是笔直一竖;字母组合使用的意义也完全不同,比如 you,英语是"你""你们"的意思,但拼音指"所有发音为 you 这个音的字",以声调进行区分比如"悠""邮""有""又"等。

孩子一时不认真,没有快速调整学习思维,就会因为粗心而把拼音应用到英语中去,导致错误。所以,在孩子学习英语初期,我们要引导他学会认真辨别,仔细应对。

单词记忆混乱

学习英语单词,孩子不仅要记住单词的拼写,也要同步记住单词的读音、形式的变化以及单词的汉语意思,这无疑增加了学习难度。

有的单词字母很多,孩子会少记或多记一个字母;有的单词中有两个或三个相同字母,孩子会记错其位置;有的单词会因为时态、语态、单复数等各种原因而发生变化,孩子会漏记或记错;还有的单词与其他单词长得很相近,比如 mall(商场)与 small(少量的、瘦小的),smell(嗅到、闻出)与 smile(微笑),late(迟到)、later(后来)、latter(后者)与 letter(信件)等,孩子一时记混也会出错。

还有的单词发音相近,甚至只有长音和短音的区别,或者因为位置不同而发音不同,比如开头是元音字母的英语单词之前的 the 读音会有变化,会从 [ðə] 变为 [ði],如 the old man,这里的 the 就读 [ði]；不定冠词 a 在特定情况下会变为 an，如 an apple 是对的，a apple 是错的，孩子如果不注意，可能就容易犯粗心的毛病。

💡 没有认真审题

大多数英语题目的做题要求会用英语来表达，因此题目要求可能就显得很长，这就要求孩子做题前要快速理解题意。有的孩子可能因为不愿意读那么长的题目要求，或者不认识题目要求中的所有单词，就放弃读题目要求，直接看下面的题目，然后根据自己以往的做题经验去做题。

> 有位英语老师点评一次考试，提到班里一位英语学得非常好的同学，本来可以拿高分的，却因为一道题而扣了很多分。原因就是这道题要求用"√""×"来作答，但这位同学却依据以往做题经验，用 T、F 作答，以至于题目全做对了，却一分没得。

这就是不认真审题的结果，而类似这样的情况在很多孩子身上都很常见。

有的孩子也会读题，却读错了题目，犯了在其他科目中常常出现的错误，比如让选"正确的"他选了"错误的"，让选"多个"他只选了"一个"，让"写"出来他却只"标"了出来，等等。

习惯使用汉语思维

汉语的语言表达与英语的语言表达存在差异，很多孩子会因为汉语使用习惯而在英语使用中出现错误。

比如，一道选择题要求根据"向朋友介绍 Amy"这个提示从下面的三个选项中选出正确的一项：

A."Hi, Amy."

B."This is Amy."

C."She is Amy."

三个选项中，大多数孩子都不会选 A，但对于后面两个选项，很多孩子却会根据汉语的习惯而选择 C，而实际上正确答案应该是 B，因为英语中把某人介绍给第三者时，常使用"This is..."这一句型，其中的 This 不能换成 He 或 She。但汉语表达中，可能就会说"她是 Amy"。显然孩子并非不知道要怎么介绍，只不过可能因为使用习惯出现"中式英语"的粗心问题。

另外，英语的语法与汉语的语法完全不同，英语中会有词的变化、时态变化等，比如，other 后面要接名词复数，another 后面要接名词单数，有的孩子就会搞混；翻译"对不起，我不知道你这么忙"，如果按照汉语的语言习惯，孩子可能会翻译成"Sorry, I don't know you are so busy"，而正确的翻译应该是"Sorry, I didn't know you were so busy"。显然，如果孩子总是按照汉语习惯来表达的话，就会经常出错。

68 No.1、No.2……
——避免在英语学习中粗心的几个细节

虽然同样是语言学习，但显然应对语文学习中粗心的方法并不能直接套用在英语学习上，要解决孩子在英语学习中的粗心，也需要做到对症下药。我们要针对英语学习的特点，以及孩子在英语学习过程中经常出现粗心的"重灾区"，并结合孩子自己的问题，采取更合适的应对方法。

这样一来，我们就需要关注这样几个细节。

💡 把听、说、读、写结合起来

既然英语是听、说、读、写全面覆盖的学习，那么我们就要提醒孩子在学习过程中把这几个方面都利用上。比如，学习一个英语单词时，我们要督促孩子听清它的发音，说出一个含有该单词的正确句子，读出正确的音标，写对它的时态变化、单复数等。

也就是让孩子从一开始就对英语有综合性的记忆，把每个单词都当作一棵小树，听力、音标、语法、应用就是小树的树枝，一提到某个单词，孩子就要联想到一整棵小树而不只是某一根树枝。通过建立这样的综合记忆，帮助孩子不会因为记忆混淆而出现书写、听力、读音、使用等方面的错误。

规范英语的书写习惯

孩子需要注意一些容易出错的书写规范，不断提醒自己，使自己不再因粗心而出现书写不规范、格式不对的问题。

第一，英文字母要掌握正确的笔顺，比如，字母 j，应该先写下半部分，再写上面的点。如果孩子按照汉字的写书习惯，从上往下写，写得太快的话，就容易把上、下两部分连在一起，从而造成书写不规范。

第二，无论是在四线三格上书写，还是在普通白纸上书写，一定要按照字母的占格、高低和大小等要求书写。

第三，单词与单词之间要保持一定的距离，可以是一个小写字母 a 这么宽的距离。

第四，如果在一行的末尾无法将一个单词写完，需要把剩下的字母写到下一行，就要在上一行的末尾加上连字符"-"。不过，移行必须按一定的规律进行，必须以音节为单位进行移行分写，如"stu-dent"，而不是随意移行；等等。

第五，句子的末尾要正确书写标点符号，不是"。"，而是"."。

第六，注意字母的大写形式，比如，句子开头的首字母，人名的首字母，国家、民族、语言名称的首字母，节日、星期、月份的首字母，某国人、某地人名称的首字母，等等。

💡 培养孩子"读题"的习惯

英语科目出题会有两种情况,一种是用英文来描述题目要求,另一种则是用中文描述题目要求。这里要特别说一下英文描述的题目要求,初学英语或者学得没有那么深的孩子,可能暂时无法靠自己看懂纯英文的题目要求。

一般来说,老师都会告诉孩子题目要求是什么,有些题目要求则是前面用英文表述,后面跟着中文表述,我们也可以提醒孩子借助"图像记忆"来弄明白题目要求。也就是让孩子记住英文题目的"样子",比如,如果题目中给出的都是某几个单词的组合,那这类题目往往是要求填单词中空缺的字母,孩子就可以把这几个单词组合看成一整张"图片",图片内容与题目要求相对应,下次再看到相同的"图片",哪怕没有中文解释,他大致也能明白题目要求是什么。

不过题目中也会存在各种细节,比如前面提到的那个用"√""×"还是用T、F的问题,虽然题目的"图片"看上去一样,但孩子也要具备一定的敏感度,一定要把"图片"看完,要注意其中细微的差别,保证不会遗漏这些细节。

当然,如果孩子已经有了足够的词汇量,可以看懂题目要求了,那我们就提醒他一字一句认真读完题,然后理解题目到底要求做什么,就是像对待其他科目一样,培养他认真读题的习惯。对的事坚持做,一定会有效果。

图书在版编目(CIP)数据

孩子粗心大意，妈妈怎么办？/鲁鹏程著． －－北京：
中国人民大学出版社，2024.1
ISBN 978-7-300-32261-2

Ⅰ．①孩… Ⅱ．①鲁… Ⅲ．①家庭教育 Ⅳ．①G78

中国国家版本馆 CIP 数据核字（2023）第 202919 号

孩子粗心大意，妈妈怎么办？

鲁鹏程 著

HAIZI CUXIN-DAYI, MAMA ZENMEBAN?

出版发行	中国人民大学出版社
社　　址	北京中关村大街 31 号　　邮政编码　100080
电　　话	010-62511242（总编室）　010-62511770（质管部）
	010-82501766（邮购部）　010-62514148（门市部）
	010-62515195（发行公司）010-62515275（盗版举报）
网　　址	http://www.crup.com.cn
经　　销	新华书店
印　　刷	天津中印联印务有限公司
开　　本	720 mm × 1000 mm　1/16　　版　次　2024 年 1 月第 1 版
印　　张	16.5　　　　　　　　　　　印　次　2024 年 1 月第 1 次印刷
字　　数	156 000　　　　　　　　　　定　价　69.00 元

版权所有　侵权必究　　印装差错　负责调换